丛书主编 / 张 润

刘静 / 编著

物业纠纷一站式法律指引

遇事找法

中国法治出版社
CHINA LEGAL PUBLISHING HOUSE

图书在版编目（CIP）数据

物业纠纷一站式法律指引 / 刘静编著. -- 北京：中国法治出版社，2025.6. --（遇事找法 / 张润主编）.
ISBN 978-7-5216-5339-7

Ⅰ.D922.181

中国国家版本馆CIP数据核字第2025W1H451号

策划编辑：潘环环
责任编辑：潘环环 　　　　　　　　　　　　　封面设计：周黎明

物业纠纷一站式法律指引
WUYE JIUFEN YIZHANSHI FALÜ ZHIYIN

主编 / 张　润
编著 / 刘　静
经销 / 新华书店
印刷 / 三河市紫恒印装有限公司
开本 / 710毫米×1000毫米　16开　　　　　印张 / 13.25　字数 / 192千
版次 / 2025年6月第1版　　　　　　　　　2025年6月第1次印刷

中国法治出版社出版
书号 ISBN 978-7-5216-5339-7　　　　　　　　　　　　定价：48.00元

北京市西城区西便门西里甲16号西便门办公区
邮政编码：100053　　　　　　　　　　　　　传真：010-63141600
网址：www.zgfzs.com　　　　　　　　　　　编辑部电话：010-63141813
市场营销部电话：010-63141612　　　　　　　印务部电话：010-63141606

（如有印装质量问题，请与本社印务部联系。）

出版说明

遇到法律纠纷怎么办？这是每个人在生活中必须面对的问题。在我国，人们的社会联系广泛，上下级、亲戚朋友、老战友、老同事、老同学关系比较融洽，逢事喜欢讲个熟门熟道，但如果人情介入了法律和权力领域，就会带来问题，甚至带来严重问题。

《全国人民代表大会常务委员会关于开展第八个五年法治宣传教育的决议》要求"加大普法力度，完善预防性法律制度，推动形成办事依法、遇事找法、解决问题用法、化解矛盾靠法的法治环境。""八五"法治宣传教育的重要目标在于引导群众遇事找法、解决问题靠法，改变社会上那种"遇事找人不找法"的现象。

公正善良之法、有法可依是"遇事找法"的前提和保证。"一切法律中最重要的法律，既不是刻在大理石上，也不是刻在铜表上，而是铭刻在公民的内心里。"法律应当成为人们的信仰，让人们相信法不阿贵，绳不挠曲，让人们相信合理合法的诉求能够得到及时公正的实现。截至2023年10月，我国现行有效的法律共有299件。经过长期努力，中国特色社会主义法律体系已经形成，在社会生活各方面总体上实现了有法可依。

对于普通老百姓而言，在讨说法、打官司、谈条件之前，首先要知道自己遇到的事属于哪一类、法律是如何规定的。为了帮助遇事犯难的人们解决难题，引导人民群众办事依法、遇事找法、解决问题用法、化解矛盾靠法，我们以常见纠纷类型为依托，组织编写了本套遇事找法丛书。

本丛书以最贴近百姓生活的常见法律问题为目录，方便读者以最快捷的方式查找到自己最关心的问题。设置四大板块：遇事、说法、找法、举一反三。

【遇事】板块收录了各类纠纷的生活化小案例，方便读者对号入座，从案例中找到共鸣。

【说法】板块旨在用最简洁的话语告诉读者最可行的纠纷解决办法和最可能的纠纷处理结果。

【找法】板块附上了与"事"对应的相关法律法规、司法解释的规定，方便读者及时查阅。

【举一反三】板块旨在帮助读者通过一个问题类推出同类型纠纷的解决方法。

本丛书的宗旨：让您读得懂、传得开、用得上，遇事不慌不犯难，助您最便捷地解决法律纠纷。

目 录

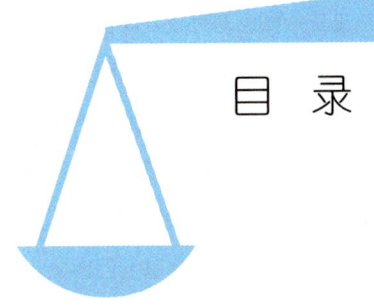

一、业主篇

1. 入住后发现房屋存在质量问题，业主应如何维权？ 003
2. 房地产开发公司向业主作出"赠送物业费"的承诺有效吗？ 006
3. 购房时签订的格式物业合同条款不合理，业主也一定要遵守吗？ 009
4. 前期物业服务合同对业主有约束力吗？ 012
5. 开发商未经招投标程序签订的前期物业服务合同有效吗？ 014
6. 业主可否对自己的房屋随意装修？ 017
7. 物业公司有权收取装修押金、装修管理费吗？ 020
8. 业主是否可以提前终止前期物业服务合同？ 023
9. 前期物业服务合同到期但尚未选聘新物业公司，业主还要交物业费吗？ 025
10. 原物业服务企业拒不退出，业主应如何合法维权？ 027
11. 办理入住手续后并未实际居住，业主需要支付物业费吗？ 030
12. 居民委员会有权为未成立业主委员会的小区选聘临时物业服务人吗？ 032
13. 业主委员会成立后尚未备案期间签订的物业服务合同有效吗？ 034
14. 未交纳物业费的业主就没有资格竞选业主委员会委员吗？ 036
15. 业主对业主大会或业主委员会的决定有异议，应如何处理？ 039
16. 业主有权要求业主委员会公布哪些信息？ 042

17. 业主应如何对物业公司合法行使知情权？……044
18. 业主行使知情权受诉讼时效的限制吗？……046
19. 承租人受物业管理规约的约束吗？……049
20. 业主和物业公司有权动用公共维修基金吗？……051
21. 物业公司挪用公共维修基金，业主应如何维权？……053
22. 合法筹集公共维修基金但部分业主拒绝交纳，如何处理？……056
23. 物业服务存在瑕疵，业主能拒绝交纳物业费吗？……059
24. 物业公司合同期满未续签但仍提供服务，业主能拒交物业费吗？……062
25. 住在一层的业主，需要交纳电梯费吗？……065
26. 业主专有部分设施设备的维修属于物业服务范围吗？……067
27. 暖气不热，应由物业公司负责解决吗？……070
28. 开发商交房时，是否有权要求业主预交物业费？……072
29. 业主购买了产权车位，是否还要交纳停车管理费？……074
30. 物业公司将小区空地划出车位对外出租，业主应如何维权？……076
31. 业主出售房屋后，还能无偿使用小区的地面停车位吗？……079
32. 法拍房的物业欠费应由谁负担？……082
33. 业主未按时交纳物业费，物业公司有权停水停电吗？……084
34. 业主不交物业费，物业公司可以降低服务标准吗？……086
35. 业主有权要求物业公司归还共用部位、共用设施设备的经营性收益吗？……089
36. 物业公司擅自占用小区共用部位，业主应如何维权？……091
37. 部分业主擅自占用小区的共用部位，其他业主应如何维权？……093
38. 业主车辆在小区停放期间丢失或受损，物业公司有责任吗？……095
39. 业主家中失窃，财物丢失，物业公司要承担责任吗？……098
40. 业主在小区内受到人身伤害，物业公司要承担责任吗？……100
41. 非业主在小区内遭受人身伤害，物业公司要承担责任吗？……102
42. 楼下业主因楼上漏水造成财产损失，应向谁主张赔偿？……105
43. 物业公司有权对业主的不当行为进行罚款吗？……108

二、物业服务企业篇

44. 没有物业用房，物业公司应该怎么办？……113
45. 物业公司能否将小区的全部物业服务管理委托其他公司负责？……116
46. 物业公司可以将专项服务委托给其他公司负责吗？……118
47. 业主私搭乱建，物业公司应如何处理？……120
48. 物业公司在紧急情况下，能否未经允许进入居民住宅？……123
49. 承租人不遵守管理规约约定，物业公司该怎么办？……126
50. 物业公司在小区宣传栏公示欠费业主房号，侵犯业主名誉权吗？……129
51. 业主在小区张贴诋毁物业公司的小报，是否侵犯物业公司的名誉权？……132
52. 物业公司有权阻拦业主安装太阳能热水器吗？……135
53. 业主在自家窗户上贴广告，物业公司有权管理吗？……137
54. 物业公司是否有权阻拦业主在车位上安装自用充电桩？……139
55. 物业公司是否可以将小区车位出租给小区业主以外的人？……142
56. 业主在小区内违规乱停车，物业公司应如何处理？……145
57. 因电梯乘用人自身过错导致电梯事故受伤，物业公司需要承担责任吗？……147
58. 业主高空抛物致人损害，物业公司需要承担责任吗？……150
59. 楼体外墙脱落将行人砸伤，物业公司是否要承担责任？……153
60. 物业公司同意业主购买游乐设施放置于小区公共区域，要承担维护义务吗？……155
61. 业主家漏水导致电梯停运，物业公司有责任吗？……158
62. 物业公司有义务公示哪些信息？……160
63. 物业公司是否有权解除物业服务合同？……162
64. 物业公司是否有权要求确认业主大会的决议无效？……165
65. 业主聘请了新物业公司，原物业公司在交接过渡期应履行哪些义务？……168
66. 物业公司中标后业主委员会迟迟不与其签订物业合同，物业公司该怎么办？……171
67. 物业公司有权预收物业费吗？……173
68. 物业公司的物业费收费标准未经备案，有效吗？……175

003

69. 物业公司怎样调整物业费收费标准才是合理合法的? 178
70. 承租人不遵守房屋租赁合同约定交纳物业费，物业公司该怎么办? ... 180
71. 物业公司代收供暖费的，能否要求业主先交纳物业费才能交纳供暖费? ... 182
72. 物业公司应从何时开始起收物业费? 184
73. 物业公司更换后，新物业公司如何处理业主向原物业公司预交的物业费? 186
74. 物业公司有权采取锁门、扣押业主物品等方式催收物业费吗? 188
75. 物业公司向业主主张物业费的同时，可以主张违约金吗? 190
76. 物业公司催收物业费，受诉讼时效限制吗? 192
77. 小区公共绿地被侵占，物业公司可以不管吗? 195
78. 业主违规在室内给电动车充电引发火灾，物业公司有责任吗? 197
79. 业主在楼道堆放易燃物引发火灾，物业公司有责任吗? 199
80. 物业公司的保安员将业主打伤，物业公司有责任吗? 202

一 业主篇

一、业主篇

① 入住后发现房屋存在质量问题，业主应如何维权？

遇事

扫一扫，听案情

说法

房地产开发公司与业主之间形成的是商品房买卖合同关系，房地产开发公司作为出卖人，其向业主交付房屋的质量应符合法定标准和约定标准。如房屋质量存在问题或瑕疵，根据问题的严重程度，业主可以要求与房地产开发公司解除商品房买卖合同并要求房地产开发公司赔偿损失，在房屋保修期内，业主也可以要求房地产开发公司承担修复、赔偿的责任，如房地产开发公司拒绝修复或者在合理期限内拖延修复的，业主可以自行或者委托他人修复，修复费用及修复期间造成的其他损失由房地产开发公司承担。而物业公司与业主之间形成的是物业管理服务关系，除非物业公司受房地产开发公司的特别委托，否则物业公司对房屋质量问题不承担修复或赔偿的责任。

本案中，房地产公司交付给小李的房屋存在质量问题，影响小李对房屋的正常使用，房地产公司应依法承担修复房屋的责任并赔偿小李因此遭受的损失。小李可以通过提起民事诉讼的方式要求房地产公司承担修复及赔偿责任，也可以自行修复后要求房地产公司承担修复费用及赔偿损失。物业公司作为物业服务企业，没有对房屋质量问题进行修复及赔偿的义务，也没有义务替代房地产公司对房屋质量问题进行修复及赔偿。

找法

《中华人民共和国民法典》

第六百一十五条　出卖人应当按照约定的质量要求交付标的物。出卖人提供有关标的物质量说明的，交付的标的物应当符合该说明的质量要求。

第六百一十六条　当事人对标的物的质量要求没有约定或者约定不明确，依据本法第五百一十条的规定仍不能确定的，适用本法第五百一十一条第一项的规定。

第六百一十七条　出卖人交付的标的物不符合质量要求的，买受人可以依据本法第五百八十二条至第五百八十四条的规定请求承担违约责任。

《最高人民法院关于审理商品房买卖合同纠纷案件适用法律若干问题的解释》

第十条 因房屋质量问题严重影响正常居住使用，买受人请求解除合同和赔偿损失的，应予支持。

交付使用的房屋存在质量问题，在保修期内，出卖人应当承担修复责任；出卖人拒绝修复或者在合理期限内拖延修复的，买受人可以自行或者委托他人修复。修复费用及修复期间造成的其他损失由出卖人承担。

举一反三

在日常生活中，常见的房屋质量问题还包括：房屋主体结构质量不合格，呈现结构性炸裂、倾斜、崩塌；不能正常供水供电及房屋渗水；地上空鼓、墙皮掉落等。业主在生活实践中经常会与房地产开发企业就房屋问题是否属于房屋质量缺陷产生争议，一旦无法达成一致，双方可共同委托具有房屋质量鉴定资质的机构进行质量鉴定。如遇到房地产开发企业一味推诿或无法协商选定鉴定机构，业主也可以提起民事诉讼，由人民法院选定有资质的鉴定机构对相关问题进行专门的质量鉴定。

② 房地产开发公司向业主作出"赠送物业费"的承诺有效吗?

遇事

东南房地产公司在销售其开发的A小区住宅时打出广告:买房就送10年物业费。张女士考虑到A小区的位置与品质不错,还能省下10年物业费,便购买了A小区的一套商品房。在与东南房地产公司签订商品房买卖合同时,经张女士强烈要求,将"赠送10年物业费"的内容加进了商品房买卖合同中,但该内容未经前期物业公司确认,也未体现在前期物业合同中。交房后,张女士入住A小区,张女士对A小区的品质及前期物业公司的服务均很满意。但入住后没多久,前期物业公司便要求张女士交纳物业费,张女士十分恼火,认为自己与东南房地产公司签订的商品房买卖合同中已经载明赠送10年物业费,并以此为理由拒绝向前期物业公司交纳物业费。但前期物业公司仍然坚持按照前期物业合同收取物业费,认为张女士与东南房地产公司签订的合同内容对自己没有约束力。双方产生争议后,前期物业公司起诉张女士至人民法院,要求张女士按照前期物业合同的约定支付物业费,并获得了法院的支持。那么,房地产开发公司向业主作出的"买房赠送物业费"的承诺是否有效呢?

说法

房地产开发公司与物业公司各自具有独立的法人资格,是两个不同的法律关系主体。业主与房地产开发公司之间形成的是房屋买卖合同关系,而与物业公司之间形成的是物业服务合同关系,这是两个完全不同的民事法律关系。在未获得物业公司授权的情形下,房地产公司无权擅自处分物业公司的权利，无权在房屋买卖合同书中就物业费收取或减免事项对业主作出承诺，其减免物业费的承诺，未经物业公司认可或确认的，对物业公司没有约束力，业主仍应按照物业服务合同的相关约定向物业公司交纳物业费。同时，业主可依据记载房地产开发公司承诺"赠送物业费"的相关证据，要求房地产开发公司向其支付承诺赠送的物业费。

本案中，张女士虽与东南房地产公司书面约定了"赠送10年物业费"的内容，但该内容未经前期物业公司认可，也未体现在前期物业服务合同中，是东南房地产公司在无授权的情况下擅自处分了前期物业公司的权利，这样的承诺对前期物业公司不发生法律效力，张女士应向前期物业公司支付物业费，同时要求东南房地产公司将相应的物业费支付给自己。

找法

《中华人民共和国民法典》

第四百六十五条 依法成立的合同，受法律保护。

依法成立的合同，仅对当事人具有法律约束力，但是法律另有规定的除外。

第九百四十四条第一款 业主应当按照约定向物业服务人支付物业费。物业服务人已经按照约定和有关规定提供服务的，业主不得以未接受或者无需接受相关物业服务为由拒绝支付物业费。

《物业管理条例》

第二十一条 在业主、业主大会选聘物业服务企业之前，建设单位选聘物业服务企业的，应当签订书面的前期物业服务合同。

举一反三

假设房地产开发公司向业主"赠送物业费"的承诺获得了前期物业公司的认可,例如获得了前期物业公司的书面承诺或在前期物业服务合同中进行了明确约定,业主是否就可以高枕无忧了呢?也不是。如果该小区日后更换物业公司,则之前"赠送物业费"的承诺对新物业公司仍然是没有约束力的。如前期物业公司与新物业公司未能进行细致的财务交接,妥善处理向业主"赠送物业费"的承诺问题,业主仍然有可能要面临向新物业公司全额支付物业费的情况。因此,购房者要慎重对待房地产开发公司"赠送物业费"之类的承诺。

3 购房时签订的格式物业合同条款不合理，业主也一定要遵守吗？

遇事

孙女士购买房地产开发企业甲公司开发的W小区商品房一套。孙女士与甲公司签订商品房买卖合同时，甲公司要求孙女士必须同时签订前期物业服务合同，即孙女士委托甲公司选定的前期物业服务企业乙公司为W小区提供物业服务，房屋买卖合同与前期物业服务合同均是内容固定的纸质版文本。孙女士在商品房买卖合同和前期物业服务合同上签了字。入住W小区后，孙女士的车辆在其购买的小区地下停车位停放时被刮伤，孙女士要求乙公司提供监控录像以查明刮伤孙女士车辆的侵权人，但乙公司称这几天监控录像坏了，正处于维修期间，无法正常工作，因此无法提供。

孙女士非常气恼，认为自己按时交纳了物业费及停车管理费，且前期物业服务合同中明确约定了乙公司负有停车管理的义务，同时对小区的监控设施也负有管理义务，但乙公司未能履行上述义务，使自己遭受财产损失还无法查明侵权人。于是孙女士起诉乙公司至人民法院，要求乙公司赔偿自己的车辆损失。乙公司却表示，前期物业服务合同中有如下条款："物业服务企业对本协议项下的车辆管理仅指对车辆行驶、停放秩序的管理，并不承担对车辆的保管义务，物业管理区域内发生车辆毁损、灭失，财物被盗等财产损失，或人身伤亡事件的，由责任方承担刑事或民事责任，物业服务企业不承担责任。"基于此，无论业主的车辆发生何种损失，乙公司均不承担赔偿责任。

法院经过审理，认为乙公司提出的合同条款属于无效的格式条款，并最终判决乙公司对孙女士的损失承担30%的赔偿责任。那么，对于业主购房时签订的不合理的格式物业合同条款，一定要遵守吗？

说法

根据《中华人民共和国民法典》的规定，格式条款是当事人为了重复使用而预先拟定，并在订立合同时未与对方协商的条款。采用格式条款订立合同的，提供格式条款的一方应当遵循公平原则确定当事人之间的权利和义务，并采取合理的方式提示对方注意免除或者减轻其责任等与对方有重大利害关系的条款，按照对方的要求，对该条款予以说明。提供格式条款的一方未履行提示或者说明义务，致使对方没有注意或者理解与其有重大利害关系的条款的，对方可以主张该条款不成为合同的内容。提供格式条款一方不合理地免除或者减轻其责任、加重对方责任、限制对方主要权利的，该格式条款无效。

本案中，孙女士是在甲公司"前期物业服务合同必须与商品房买卖合同同时签订"的压力下签订的前期物业服务合同，签订的文本是乙公司提供的预先拟定、未与孙女士协商过的固定文本，且该合同文本重复用于其他购房人。"物业服务企业对本协议项下的车辆管理仅指对车辆行驶、停放秩序的管理，并不承担对车辆的保管义务，物业管理区域内发生车辆毁损、灭失，财物被盗等财产损失，或人身伤亡事件的，由责任方承担刑事或民事责任，物业服务企业不承担责任。"这一条款不合理地免除、减轻了乙公司的责任，加重了孙女士的责任，而甲公司及乙公司均未向孙女士提示注意这一免除或者减轻己方责任且与孙女士有重大利害关系的条款，因此，根据法律规定，该条款属于格式条款且该格式条款无效。乙公司依据该条款不对孙女士进行赔偿的抗辩理由不成立，法院依据乙公司的过错及与孙女士损失形成的关系大小，判决乙公司承担30%的赔偿责任是正确的。

找法

《中华人民共和国民法典》

第四百九十六条 格式条款是当事人为了重复使用而预先拟定，并在订立合同时未与对方协商的条款。

采用格式条款订立合同的，提供格式条款的一方应当遵循公平原则确定当事人之间的权利和义务，并采取合理的方式提示对方注意免除或者减轻其责任等与对方有重大利害关系的条款，按照对方的要求，对该条款予以说明。提供格式条款的一方未履行提示或者说明义务，致使对方没有注意或者理解与其有重大利害关系的条款的，对方可以主张该条款不成为合同的内容。

第四百九十七条 有下列情形之一的，该格式条款无效：

（一）具有本法第一编第六章第三节和本法第五百零六条规定的无效情形；

（二）提供格式条款一方不合理地免除或者减轻其责任、加重对方责任、限制对方主要权利；

（三）提供格式条款一方排除对方主要权利。

举一反三

格式条款不仅出现在物业服务合同中，还常见于业主与开发商签订的商品房预售合同、商品房买卖合同等合同文件中。业主在签订合同前，务必仔细审核合同条款，对不合理的内容及时与对方协商进行修改，避免在今后合同履行过程中发生对自己不利的风险。对于格式条款的提供方来说，也要以谨慎的态度对待格式条款。格式条款应当语意清晰明确，避免产生歧义，并通过特殊字体、字号、加粗等形式作出显著提示。格式条款提供方也可以作出必要的提示，并通过录音录像等方式形成证据，提示应当达到足以引起对方注意的程度。

④ 前期物业服务合同对业主有约束力吗？

遇事

2021年2月，房地产开发企业甲公司与物业服务企业乙公司签订《前期物业服务合同》，约定由乙公司为甲公司开发的A小区提供前期物业管理服务，由业主向乙公司支付物业管理服务费。陈先生购买了A小区商品房一套，其与甲公司签订的商品房买卖合同上载明：在小区业主委员会成立之前，同意由开发商聘请物业公司为小区提供前期物业服务，并按约定支付物业管理费。但自入住后，陈先生一直拒绝交纳物业费。乙公司多次向陈先生催收，陈先生以与乙公司未签订物业服务合同为由仍然拒绝交纳物业费。无奈，乙公司起诉陈先生至人民法院，要求陈先生按照前期物业服务合同的约定支付物业费，并得到了法院的支持。那么，开发商与物业公司签订的前期物业服务合同对业主具有约束力吗？

说法

前期物业服务合同是指建设单位与物业服务企业就前期物业管理阶段双方的权利义务所达成的协议，是物业服务企业被授权开展物业管理服务的依据。在小区业主委员会成立之前，由业主委托物业服务企业实践上不具有可操作性，因此需要由建设单位聘请物业服务企业并签订前期物业服务合同。建设单位依法与物业服务企业签订的前期物业服务合同是在特定条件下，为维护业主利益和物业区域正常秩序而为；且在建设单位与业主签订房地产买卖合同时，在商品房买卖合同中对前期物业服务事宜均会有明确的约定，因此业主本人虽未直接签署前期物业服务合同，但从维护业主集体利益的角度出发，仍应受前期物业服务合同的效力约束。

本案中，陈先生虽未与乙公司直接签订物业服务合同，但乙公司是甲公

一、业主篇

司选聘的前期物业服务企业，甲公司与乙公司签订了《前期物业服务合同》，且陈先生与甲公司签订的商品房买卖合同中对前期物业服务的情况有着明确的说明，因此，前期物业合同对陈先生是有约束力的，陈先生不得以未与乙公司直接签订物业服务合同为由拒绝支付物业费。

找法

《中华人民共和国民法典》

第九百三十九条 建设单位依法与物业服务人订立的前期物业服务合同，以及业主委员会与业主大会依法选聘的物业服务人订立的物业服务合同，对业主具有法律约束力。

举一反三

是不是只要建设单位选定了前期物业服务企业，业主就没有权利提出任何异议呢？不是的。建设单位选定前期物业服务企业要遵循以下几条原则：首先，建设单位应当依法选聘前期物业服务企业并依法签订前期物业服务合同；其次，前期物业服务合同约定的内容不得侵害物业买受人的合法权益；最后，建设单位应当在物业销售前将前期物业服务合同的情况向物业买受人进行明示，并予以说明。

5 开发商未经招投标程序签订的前期物业服务合同有效吗?

遇事

房地产开发企业春风公司与物业服务企业幸福家园公司签订《前期物业服务合同》,约定由幸福家园公司为春风公司开发建设的P小区提供前期物业管理服务,并约定了物业服务内容、物业费收费标准及违约责任等。冯女士为P小区业主,对幸福家园公司提供的前期物业服务不满意,在得知春风公司选中幸福家园公司作为前期物业服务企业并未经过招投标程序后,冯女士认为,春风公司选聘前期物业服务企业程序不符合法律规定,所签订的前期物业服务合同无效,此后便不再向幸福家园公司交纳物业费。幸福家园公司多次催收无果后将冯女士起诉至人民法院,要求冯女士按照前期物业服务合同的约定支付物业费。幸福家园公司的诉讼请求得到了人民法院的支持。

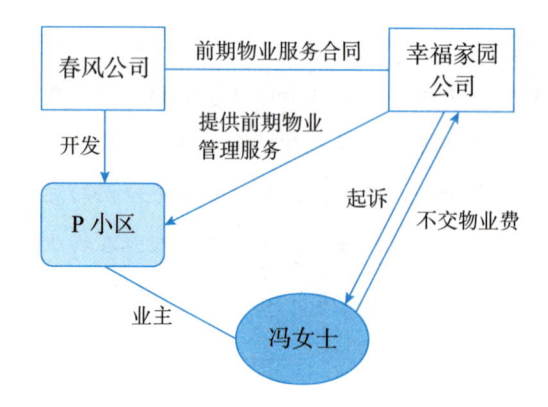

说法

本案中双方当事人争议的关键性问题有以下两点：

一是开发商选聘前期物业服务企业是否需经过招投标程序。《物业管理条例》规定，住宅物业的建设单位，应当通过招投标的方式选聘物业服务企业，投标人少于3个或者住宅规模较小的，经物业所在地的区、县人民政府房地产行政主管部门批准，可以采用协议方式选聘物业服务企业；住宅物业的建设单位未通过招投标的方式选聘物业服务企业或者未经批准，擅自采用协议方式选聘物业服务企业的，由县级以上地方人民政府房地产行政主管部门责令限期改正，给予警告，可以并处10万元以下的罚款。根据上述规定，除投标人少于3个或者住宅规模较小的物业，开发商选聘前期物业服务企业均应通过招投标的方式。本案中，春风公司未经招投标程序，擅自采用协议方式选聘幸福家园公司作为P小区的前期物业服务企业的做法是违法的，应受到相应行政处罚。

二是开发商未经招投标程序与物业服务企业签订的前期物业服务合同是否无效。《中华人民共和国民法典》规定，违反法律、行政法规的强制性规定的民事法律行为无效。但是，该强制性规定不导致该民事法律行为无效的除外。司法实践中一般认为，国家提倡建设单位通过招投标方式选聘物业服务企业属于管理性规定，不属于效力性强制规定，不直接导致物业合同无效。本案中，春风公司与幸福家园公司签订的前期物业服务合同不因未经招投标程序而无效。因此，人民法院经审查认定前期物业服务合同有效是正确的，幸福家园公司提供了物业服务，冯女士就应该按照前期物业服务合同的约定向幸福家园公司支付物业费。

找法

《中华人民共和国民法典》

第一百四十三条 具备下列条件的民事法律行为有效：

（一）行为人具有相应的民事行为能力；

（二）意思表示真实；

（三）不违反法律、行政法规的强制性规定，不违背公序良俗。

第一百五十三条第一款　违反法律、行政法规的强制性规定的民事法律行为无效。但是，该强制性规定不导致该民事法律行为无效的除外。

《物业管理条例》

第二十四条　国家提倡建设单位按照房地产开发与物业管理相分离的原则，通过招投标的方式选聘物业服务企业。

住宅物业的建设单位，应当通过招投标的方式选聘物业服务企业；投标人少于3个或者住宅规模较小的，经物业所在地的区、县人民政府房地产行政主管部门批准，可以采用协议方式选聘物业服务企业。

第五十六条　违反本条例的规定，住宅物业的建设单位未通过招投标的方式选聘物业服务企业或者未经批准，擅自采用协议方式选聘物业服务企业的，由县级以上地方人民政府房地产行政主管部门责令限期改正，给予警告，可以并处10万元以下的罚款。

举一反三

实践中，前期物业服务企业通常是由开发商选聘的，业主对于前期物业服务企业的选择一般没有参与及决策的机会。而业主入住小区之后，由于小区系初落成、各方面配套不完善、前期物业服务企业与业主处于磨合期、前期物业服务费用标准等原因，有时会对前期物业服务企业心存不满。如业主对前期物业服务企业提供的物业服务不满意，应采取通过业主大会另行选聘物业服务企业、提前终止前期物业服务合同的方式积极解决，不可通过拒交物业费的方式消极对抗。消极对抗不仅难以达到满意的效果，还容易引发诉讼，导致违约金、诉讼费等不必要的成本产生，反而增加业主的经济负担。

一、业主篇

6 业主可否对自己的房屋随意装修？

遇事

说法

业主作为房屋所有权人当然有权对自己的房屋进行装饰装修，但必须依法进行，其装修行为不得影响建筑物的安全，不得损害他人的合法权益。未经原设计单位或者具有相应资质等级的设计单位提出设计方案而变动建筑主体和承重结构的行为是住宅室内装饰装修的禁止行为。即使是经原设计单位或者具有相应资质等级的设计单位提出设计方案变动建筑主体和承重结构的，也必须委托具有相应资质的装饰装修企业承担。业主违反法律、法规规定进行装修，要承担相应的法律责任。

本案中，在开工前，甲物业公司已经向贾先生明确告知了住宅室内装饰装修工程的禁止行为和注意事项，但贾先生却在未经原设计单位或者具有相应资质等级的设计单位提出设计方案的情况下拆除屋内承重墙。贾先生的行为违反法律、法规的规定，已经危及建筑物的整体安全，也侵害了其他业主的公共利益。甲物业公司及时制止贾先生的违法行为是正确的，贾先生应该及时停止违规装修行为并及时修复建筑物，如给其他业主造成损失，还应该负责赔偿。

找法

《中华人民共和国民法典》

第九百四十五条第一款 业主装饰装修房屋的，应当事先告知物业服务人，遵守物业服务人提示的合理注意事项，并配合其进行必要的现场检查。

《住宅室内装饰装修管理办法》

第五条 住宅室内装饰装修活动，禁止下列行为：

（一）未经原设计单位或者具有相应资质等级的设计单位提出设计方案，变动建筑主体和承重结构；

......

本办法所称建筑主体，是指建筑实体的结构构造，包括屋盖、楼盖、梁、柱、支撑、墙体、连接接点和基础等。

本办法所称承重结构，是指直接将本身自重与各种外加作用力系统地传递给基础地基的主要结构构件和其连接接点，包括承重墙体、立杆、柱、框架柱、支墩、楼板、梁、屋架、悬索等。

第九条 装修人经原设计单位或者具有相应资质等级的设计单位提出设计方案变动建筑主体和承重结构的，或者装修活动涉及本办法第六条、第七条、第八条内容的，必须委托具有相应资质的装饰装修企业承担。

举一反三

> 日常生活中，还有哪些装修行为是被法律、法规所禁止的呢？如将没有防水要求的房间或者阳台改为卫生间、厨房间；扩大承重墙上原有的门窗尺寸，拆除连接阳台的砖、混凝土墙体；损坏房屋原有节能设施，降低节能效果等影响建筑结构和使用安全的装修行为都是被禁止的行为。另外，搭建建筑物、构筑物或改变住宅外立面，在非承重外墙上开门、窗应当经城市规划行政主管部门批准；拆改供暖管道和设施应当经供暖管理单位批准；拆改燃气管道和设施应当经燃气管理单位批准后方能实施。

⑦ 物业公司有权收取装修押金、装修管理费吗？

遇事

李伯伯为儿子准备婚房，准备将自己所有的位于H小区的两居室进行整体装修。在装修前，李伯伯找到H小区的物业服务企业丁物业公司，将自己要装修的事情告知丁物业公司，丁物业公司向李伯伯告知了装修的禁止事项与注意事项，同时告知李伯伯需要交纳装修押金10000元，装修结束经丁物业公司确认没有违反规定后再返还给李伯伯，同时还要预先交纳一定的装修管理费，按房屋面积与装修时间计算，多退少补。李伯伯不同意，认为这是乱收费，但丁物业公司告知李伯伯，如果不交纳这两项费用，就不给装修人员发放进门许可证，装修人员无法进入小区实施装修。李伯伯气恼不已，一方面不想向丁物业公司交纳装修管理费和装修押金，另一方面儿子婚期已定，装修婚房不能耽误。万般无奈之下，李伯伯还是向丁物业公司交纳了这两项费用。那么，物业公司是否有权收取装修押金和装修管理费呢？

说法

装修押金是业主在装修的时候物业公司要求收取的装修保证金，意在制约业主不要违法进行装修，同时也通过业主规范装修人员，不要野蛮装修或破坏小区公共设施，在装修完毕经物业公司确认不存在上述行为后退还给业主，如存在违法装修或给小区公共设施造成损害的，可以从装修押金中扣除赔偿款。装修管理费不同于物业费，是基于业主装修，物业公司需要提供物业服务合同之外的管理和服务而收取的费用。以上两项费用，都不是法律、法规规定业主必须交纳的费用，应由业主和物业公司通过协商确定，物业公司无权强制业主交纳。物业公司采取不交费就不发给进门许可证等方式变相逼迫、强制业主交费的行为是没有法律依据的。还有些物业公司巧立名目，随意克扣装修押金，这更是损害业主利益的行为。

本案中，装修押金、装修管理费的收取与交纳，应建立在双方协商一致的基础上，丁物业公司无权强制收取。丁物业公司采取不交纳装修押金、装修管理费就不给装修人员发放进门许可证的方式逼迫李伯伯交费，已经侵害了李伯伯的权利，李伯伯有权不交纳。

找法

《物业管理条例》

第四十五条第一款 对物业管理区域内违反有关治安、环保、物业装饰装修和使用等方面法律、法规规定的行为，物业服务企业应当制止，并及时向有关行政管理部门报告。

《住宅室内装饰装修管理办法》

第十六条 装修人，或者装修人和装饰装修企业，应当与物业管理单位签订住宅室内装饰装修管理服务协议。

住宅室内装饰装修管理服务协议应当包括下列内容：

（一）装饰装修工程的实施内容；

（二）装饰装修工程的实施期限；

（三）允许施工的时间；

（四）废弃物的清运与处置；

（五）住宅外立面设施及防盗窗的安装要求；

（六）禁止行为和注意事项；

（七）管理服务费用；

（八）违约责任；

（九）其他需要约定的事项。

举一反三

对于装修押金、装修管理费、装修垃圾清运费等与业主装修相关费用的收取,一般各地的物业管理实施细则会有更加具体的规定。有些地区直接把装修押金列入违法收费,明确物业公司不得收取。也有一些地区认为,装修押金和装修管理费由业主与物业企业约定,而装修垃圾清运费应根据具体情况,装修产生的垃圾由业主自行处理的,物业企业不得收费;委托物业企业处理的,清运费标准由业主与物业管理企业协商确定。

一、业主篇

⑧ 业主是否可以提前终止前期物业服务合同?

遇事

房地产开发企业甲公司开发了W小区商品房项目,在与业主签订的商品房买卖合同中明确约定:业主同意甲公司聘请物业公司为小区提供前期物业服务,并按照甲公司与物业公司签订的前期物业服务合同的约定交纳物业费。甲公司与物业服务企业乙公司签订《前期物业服务合同》,约定由乙公司对W小区提供物业管理服务,由业主向乙公司支付物业管理服务费,物业服务期限为5年。W小区业主入住后,对乙公司提供的物业服务普遍不满意,并于入住后第二年成立了业主委员会,经业主大会决议选聘新的物业管理服务企业丙公司为W小区提供物业服务,业主委员会经业主大会授权与丙公司依法签订了物业服务合同。但乙公司却认为,其与甲公司签订的《前期物业服务合同》约定的服务期限尚未届满,业主大会无权选聘新的物业公司,不肯退出物业服务区域,并因此与业主产生纠纷。那么,业主是否有权提前终止前期物业服务合同并另行选聘其他物业公司提供物业服务呢?

说法

建设单位与物业公司签订的前期物业服务合同中通常会约定服务期限,但根据我国现行法律规定,如果业主大会依法选聘了新的物业服务人,且业主委员会或者业主与新物业服务人订立了物业服务合同且合同生效,即使前期物业服务合同约定的服务期限尚未届满,该前期物业服务合同也可以提前终止。前期物业服务合同约定的服务期限尚未届满不能成为阻挠业主选聘新物业服务人的理由,业主有权为自己选聘能满足业主需求的物业服务企业。

本案中,虽然甲公司与乙公司签订的《前期物业服务合同》中约定的5年物业服务期限尚未届满,但因W小区的业主已经另行选聘了新的物业服务

023

人且业主委员会已经在业主大会的授权下与新物业服务人依法签订了物业服务合同，那么自新物业服务合同生效起，《前期物业服务合同》提前终止。乙公司提出的因《前期物业服务合同》约定的物业服务期限尚未届满，业主无权选聘新的物业服务人的理由不能成立。

找法

《中华人民共和国民法典》

第九百四十条 建设单位依法与物业服务人订立的前期物业服务合同约定的服务期限届满前，业主委员会或者业主与新物业服务人订立的物业服务合同生效的，前期物业服务合同终止。

举一反三

在前期物业服务合同未到期的情况下，业主提前终止前期物业服务合同，是否要承担违约责任呢？不需要。因为通过合法程序选聘新的物业服务企业、签订物业服务合同、提前终止前期物业服务合同是法律赋予业主的权利，业主依照法律规定行使权利的行为，不需要承担任何违约责任。

一、业主篇

9 前期物业服务合同到期但尚未选聘新物业公司，业主还要交物业费吗？

遇事

房地产开发企业东方公司委托物业管理服务企业南方公司为其开发建设的中心小区提供前期物业服务，双方签订了《前期物业服务合同》，约定物业服务期限为5年。当服务期限届满时，中心小区业主并未提出另行选聘其他物业公司为中心小区提供物业服务或自行接管的意见。于是南方公司继续为中心小区提供物业服务，但在收取物业费时，有些业主提出，东方公司与南方公司签订的《前期物业服务合同》已期满终止，合同终止后，业主与南方公司之间既无物业服务合同关系，业主也不再受《前期物业服务合同》的约束，因此业主无需再向其支付前期物业服务合同到期后的物业费。但南方公司认为，自己提供了物业服务，业主就应该交纳物业服务费用。双方就此产生争议，后南方公司将拒不支付物业费的业主起诉至法院，要求其按照前期物业服务合同的约定支付物业费，得到了法院的支持。那么，前期物业服务合同到期终止后，如业主未选聘新物业服务人，且原物业服务人继续处理物业服务事项，业主是否要向原物业服务人支付前期物业服务合同终止后的物业费呢？

说法

建设单位与前期物业服务企业签订的前期物业服务合同中约定的物业服务期限，并不是决定前期物业服务企业实际提供物业服务期限的主要因素。根据我国现行法律规定，一方面，前期物业服务合同约定的服务期限届满前，业主委员会或者业主与新物业服务人订立的物业服务合同生效的，前期物业服务合同提前终止；另一方面，即使前期物业服务合同期满终止，只

025

要业主或者业主大会尚未选聘新物业服务人或者未由决定自行管理的业主接管，前期物业服务公司还应当继续处理物业服务事项，并可以请求业主支付该期间的物业费。本案中，虽然东方公司与南方公司签订的《前期物业服务合同》已经期满终止，但是中心小区业主并未决定另行选聘其他物业公司或自行接管，因此，南方公司应当继续为中心小区提供物业服务，业主应当继续向南方公司支付前期物业服务合同终止后的物业费。

找法

《中华人民共和国民法典》

第九百五十条 物业服务合同终止后，在业主或者业主大会选聘的新物业服务人或者决定自行管理的业主接管之前，原物业服务人应当继续处理物业服务事项，并可以请求业主支付该期间的物业费。

举一反三

除了建设单位与前期物业服务企业签订的前期物业服务合同，业主委员会或业主与物业服务企业签订的物业服务合同也同样适用前述规则，即使物业服务合同终止，只要业主或者业主大会尚未选聘新物业服务人或者未由决定自行管理的业主接管，原物业服务企业还应当继续处理物业服务事项，并可以请求业主支付该期间的物业费。

一、业主篇

⑩ 原物业服务企业拒不退出，业主应如何合法维权？

遇事

Z小区业主对该小区的物业服务企业甲公司提供的物业服务非常不满意，于是经业主大会决议，待与甲公司的物业服务合同期满终止后不再续聘甲公司，另行聘请新的物业服务企业为小区提供物业服务。业主委员会向甲公司送达了不再续聘的通知及决议，并与选中的新物业服务企业乙公司签订了物业服务合同。

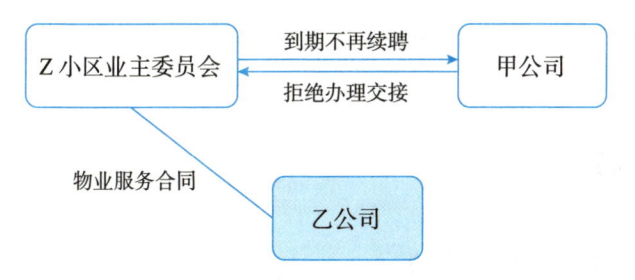

```
Z小区业主委员会  ——到期不再续聘——→  甲公司
                ←——拒绝办理交接——
        ↓
    物业服务合同
        ↓
      乙公司
```

待甲公司的物业服务合同期满终止后，业主委员会要求甲公司办理物业用房、设施设备及物业资料的交接手续，被甲公司拒绝。此后，甲公司仍然占用物业用房不肯退出小区，乙公司无法进入小区正常开展物业服务工作。那么，在物业服务合同期满终止，业主已经合法另行选聘其他物业服务企业的情况下，如原物业服务企业拒绝退出，业主应如何处理呢？

说法

物业服务合同终止，原物业服务企业应当退出物业服务区域，将物业服务用房、相关设施、物业服务所必需的相关资料等交还给业主委员会，配合新物业服务企业做好交接工作，并如实告知物业的使用和管理状况。这是原物业服务企业的法定义务，违反该义务的，不得请求业主支付物业服务合同终止后的物业费；造成业主损失的，应当赔偿损失。业主委员会可以通过依法提起民事诉讼的方式，要求原物业服务企业移交物业用房、相关设施及资料。

本案中，甲公司的物业服务合同已经期满终止，而业主大会已决议不再续聘甲公司继续提供物业服务，既向甲公司送达了不再续聘的通知及决议，也另行选聘了新的物业服务人并与新的物业服务人签订了物业服务合同，甲公司就应按照法律规定及时向业主委员会移交物业用房、相关设施、物业服务所必需的相关资料，与业主委员会及乙公司做好交接工作，并退出物业服务区域。现甲公司拒不办理移交手续、拒不退出小区的行为已经侵害了全体业主的利益，业主有权依法提起民事诉讼，要求甲公司移交物业用房、相关设施及资料，并限期退出物业服务区域。

找法

《中华人民共和国民法典》

第九百四十九条 物业服务合同终止的，原物业服务人应当在约定期限或者合理期限内退出物业服务区域，将物业服务用房、相关设施、物业服务所必需的相关资料等交还给业主委员会、决定自行管理的业主或者其指定的人，配合新物业服务人做好交接工作，并如实告知物业的使用和管理状况。

原物业服务人违反前款规定的，不得请求业主支付物业服务合同终止后的物业费；造成业主损失的，应当赔偿损失。

一、业主篇

举一反三

原物业服务企业拒绝移交资料的，业主除了提起民事诉讼，还有哪些合法的维权途径呢？业主还可以向县级以上地方人民政府房地产行政主管部门投诉原物业服务企业的违法行为，要求房地产行政主管部门予以查处。房地产行政主管部门应责令违法企业限期改正，逾期仍不移交有关资料的，对物业服务企业予以通报，处1万元以上10万元以下的罚款。

11 办理入住手续后并未实际居住，业主需要支付物业费吗？

遇事

周女士购买了F小区商品房一套，但因为周女士工作地点离F小区所在位置较远，周女士从未在F小区实际居住，自收房后房屋一直处于空置状态。三江公司为F小区的物业服务企业，按照物业服务合同的约定为F小区提供物业服务。当三江公司向周女士催收物业服务费时，周女士表示不同意交纳，理由是她从未在F小区居住，从未接受过三江公司的物业服务，因此不应交纳物业费。三江公司多次向周女士发送物业费催收函，但周女士仍然不同意交纳物业费。后三江公司起诉周女士至人民法院，要求周女士按照物业服务合同的约定交纳物业费，获得了法院的支持。那么，对于办理入住手续后并未实际居住的房屋，业主是否可以不交纳物业费呢？

说法

物业服务合同是物业服务人在物业服务区域内，为业主提供建筑物及其附属设施的维修养护、环境卫生和相关秩序的管理维护等物业服务，业主支付物业费的合同。物业服务的范围主要针对小区公共区域及共用设施设备，目的是维护和保障小区的正常运转。因此，物业服务具有公共性，交纳物业费也是业主的法定义务。虽然房屋空置，但小区卫生仍需天天清洁打扫，安保仍需实时防护，公共秩序必须时时巡查维护。因此，不管业主是否实际居住，只要物业服务是正常进行的，业主就理应交纳物业费。

本案中，周女士虽不在F小区实际居住，但三江公司一直按照物业服务合同的约定为F小区正常提供物业服务，周女士作为业主，负有按物业服务合同的约定交纳物业费的义务，不得以不在小区居住未享受物业服务等理由而拒交物业费。

找法

《中华人民共和国民法典》

第九百四十四条 业主应当按照约定向物业服务人支付物业费。物业服务人已经按照约定和有关规定提供服务的，业主不得以未接受或者无需接受相关物业服务为由拒绝支付物业费。

业主违反约定逾期不支付物业费的，物业服务人可以催告其在合理期限内支付；合理期限届满仍不支付的，物业服务人可以提起诉讼或者申请仲裁。

……

举一反三

如业主将空置的房屋出租，应由业主还是承租人交纳物业费呢？根据法律规定，业主是交纳物业服务费的主体，因此物业服务费应由业主向物业服务企业交纳，未按时交纳的，物业服务企业应向业主催收物业服务费。至于物业服务费的具体承担人是业主还是承租人，这需要双方自愿协商确定，并在房屋租赁合同中予以明确，不影响物业服务企业向业主催收物业服务费的权利。

12 居民委员会有权为未成立业主委员会的小区选聘临时物业服务人吗？

遇事

四海小区的前期物业服务合同已经期满，前期物业服务企业不愿继续为四海小区提供物业服务。前期物业服务企业在物业服务合同期满后虽继续坚持为四海小区提供物业服务，但多次提出四海小区应尽快选聘新的物业服务企业接替工作。但四海小区一直未成立业主委员会，无法成功召开业主大会，另行选聘物业服务企业一事无法得到落实。于是四海社区居民委员会在街道办事处的指导和监督下，选聘了新的物业服务企业甲公司，并与甲公司签订了《临时物业委托服务协议》，约定由甲公司为四海小区提供物业服务，约定了物业服务内容、服务期限、服务费用、物业的使用与维护等。四海小区部分业主对居民委员会选聘的物业公司不满意，于是提起诉讼，要求确认四海社区居民委员会和甲公司签订的《临时物业委托服务协议》无效。那么，居民委员会是否有权为未成立业主委员会的小区选聘临时物业服务人呢？

说法

居民委员会是居民自我管理、自我教育、自我服务的基层群众性自治组织。如小区因客观原因未能选举产生业主委员会，或在新一届业主委员会产生之前，可以由物业所在地的居民委员会在街道办事处、乡镇人民政府的指导和监督下，代行业主委员会职责。居民委员会对没有成立业主委员会的小区，在特定的情况下，可以代行业主委员会职责，对小区事务进行一定的管理，如选聘物业公司为业主提供物业服务。初衷是为小区业主提供基本的物业服务，有利于广大业主的利益。

本案中，四海小区尚未成立业主委员会，而前期物业服务企业在前期物业服务合同期满后即将退出，在这种情况下，四海社区居民委员会可以代行业主委员会职责，有权在街道办事处的指导和监督下，选聘新的物业服务企业并签订物业服务合同。只要所签订的合同不存在法律规定的无效的情形，其效力就应该被肯定。

找法

《中华人民共和国城市居民委员会组织法》

第二条第一款 居民委员会是居民自我管理、自我教育、自我服务的基层群众性自治组织。

《业主大会和业主委员会指导规则》

第五十八条 因客观原因未能选举产生业主委员会或者业主委员会委员人数不足总数的二分之一的，新一届业主委员会产生之前，可以由物业所在地的居民委员会在街道办事处、乡镇人民政府的指导和监督下，代行业主委员会的职责。

举一反三

街道办事处、乡镇人民政府具有组织、指导、协调成立业主大会，选举业主委员会，监督业主大会和业主委员会依法履行职责，协调物业管理与社区建设的关系的职责。居民委员会应协助街道办事处、乡镇人民政府做好物业管理的相关工作。因此，业主大会和业主委员会应当积极配合居民委员会依法履行自治管理职责，接受居民委员会的监督与指导。

13 业主委员会成立后尚未备案期间签订的物业服务合同有效吗？

遇事

B小区业主对建设单位选聘的前期物业服务企业非常不满意，于是在入住2年后召开了业主大会，经过投票选举出业主委员会成员并成立了业主委员会，但业主委员会未向当地人民政府房地产行政主管部门和街道办事处办理备案手续。后业主委员会按照业主大会的授权与业主大会另行选聘的甲物业公司签订了《物业服务合同》。部分业主对甲物业公司提供的物业服务不满意，于是向人民法院提起民事诉讼，以业主委员会未经备案不具备签订物业服务合同的主体资格为由，要求确认业主委员会与甲物业公司签订的《物业服务合同》无效。那么，业主委员会成立后尚未备案期间，与业主大会另行选聘的物业公司签订的物业服务合同是否有效呢？

说法

根据《物业管理条例》的规定，业主委员会应当自选举产生之日起30日内，向物业所在地的区、县人民政府房地产行政主管部门和街道办事处、乡镇人民政府备案。业主委员会的备案登记属于备查性质的行政管理行为，即将成立时的相关文件备存于行政主管部门，以便行政主管部门对业主委员会进行监督和管理，不同于行政许可行为或行政确认行为，不是业主委员会成立的要件，对业主委员会的主体资格的成立及对外签订合同的法律效果不产生影响。业主委员会签订物业服务合同的权利来源于业主大会的授权，而非管理部门的备案登记。

本案中，B小区业主委员会虽未向相关管理部门备案，但其基于业主大会的授权与业主大会另行选聘的甲物业公司签订的《物业服务合同》是合法有效的，业主委员会是否备案并不影响《物业服务合同》的法律效力。

找法

《物业管理条例》

第十五条 业主委员会执行业主大会的决定事项，履行下列职责：

（一）召集业主大会会议，报告物业管理的实施情况；

（二）代表业主与业主大会选聘的物业服务企业签订物业服务合同；

（三）及时了解业主、物业使用人的意见和建议，监督和协助物业服务企业履行物业服务合同；

（四）监督管理规约的实施；

（五）业主大会赋予的其他职责。

第十六条第一款 业主委员会应当自选举产生之日起30日内，向物业所在地的区、县人民政府房地产行政主管部门和街道办事处、乡镇人民政府备案。

举一反三

如业主认为物业服务企业提供的物业服务有瑕疵或对物业服务企业的服务质量存有异议，应如何处理呢？建议业主应采取积极的方式建立沟通渠道，通过沟通化解矛盾。例如，与物业服务企业积极进行沟通，提出自己的意见或建议；或与业主委员会进行沟通，通过业主委员会指出物业服务中存在的瑕疵或问题，要求物业服务企业整改或完善，提高物业服务水平。

14 未交纳物业费的业主就没有资格竞选业主委员会委员吗？

遇事

扫一扫，听案情

说法

现行法律和行政法规均未对业主委员会委员的参选资格作出限制，《中华人民共和国民法典》物权编明确业主可以通过业主大会、业主委员会开展自治管理，其立法原意是鼓励业主以自治管理实现权利救济。在实践中，拒不交纳物业费的业主要求参加业主委员会委员选举，大多是认为本小区现有物业服务人侵害其合法权益。根据业主委员会委员的选举程序，业主大会选举前，参选业主的基本情况，包括是否按时交纳物业服务费等情况，都会予以公示。业主们在明知其拒不交纳物业费的情况下，仍通过业主大会将其选举为业主委员会成员，说明大部分业主认可其拒不交纳物业费的行为，也反映出物业管理中确实存在问题。此时，法律法规应当支持业主通过自治的方式实现自身救济。如将按时交纳物业费作为参选业主委员会委员资格的限制性条件，将剥夺这种情况下业主通过自治寻求救济的法定权利，不符合立法原意。本案中欠缴物业费的7名业主有权参与业主委员会委员的选举。业主委员会作为业主的自治组织，其委员参选资格基于建筑物区分所有权而产生，是法律赋予业主的民事基本权益。而业主与物业服务企业之间是基于物业服务合同产生的民事法律关系，针对业主拒不交纳物业服务费的行为，物业服务企业可以依据物业服务合同寻求救济。

找法

《中华人民共和国民法典》

第二百七十七条 业主可以设立业主大会，选举业主委员会。业主大会、业主委员会成立的具体条件和程序，依照法律、法规的规定。

地方人民政府有关部门、居民委员会应当对设立业主大会和选举业主委员会给予指导和协助。

《物业管理条例》

第十六条 业主委员会应当自选举产生之日起30日内，向物业所在地的区、县人民政府房地产行政主管部门和街道办事处、乡镇人民政府备案。

业主委员会委员应当由热心公益事业、责任心强、具有一定组织能力的业主担任。

业主委员会主任、副主任在业主委员会成员中推选产生。

举一反三

《中华人民共和国民法典》对业主委员会成立的条件和程序作出了原则性规定，其中并未对业主委员会委员的参选资格作出限制。但有些地区的地方性法规却将"按时交纳物业费等相关费用""交纳物业专项维修基金"等作为业主参选业主委员会委员的必要条件。地方物业管理条例将业主不按时交纳物业费与业主委员会委员参选资格挂钩的做法缺乏上位法依据，混淆了物权关系与合同关系，不符合立法原意和法治精神。目前，有些地区已经修改了相关规定。根据2024年4月30日深圳市第七届人民代表大会常务委员会第二十八次会议《关于修改〈深圳经济特区注册会计师条例〉等十二项法规的决定》，《深圳经济特区物业管理条例》删除了第35条第2款第3项关于"候选人报名日期截止前三年内欠缴物业管理费或者物业专项维修资金累计达三个月以上"不得担任业主委员会委员、候补委员的规定。此次《深圳经济特区物业管理条例》的修改进一步降低了深圳经济特区的业主委员会成立的门槛，取消了对业主通过自治方式实现自身救济的限制，维护了《中华人民共和国民法典》的立法原意和法治精神，这样的做法值得其他地区借鉴。

15 业主对业主大会或业主委员会的决定有异议，应如何处理？

遇事

D小区由前期物业服务企业甲公司提供物业服务。前期物业服务合同即将到期之时，业主委员会想要与甲公司续签物业服务合同，便在D小区公告栏张贴了《关于物业服务合同续签意见征询公告》。7天后，业主委员会认为没有超过半数的业主到业主委员会提异议，即视为没有提异议的业主都同意，已经符合作出续签合同决定需要全体业主过半数同意的程序性要求，因此立即与甲公司续签了《物业服务合同》，除合同期限外，其他条款均未变更。对此，很多业主提出了异议，认为业主委员会续签物业服务合同的程序违法，侵犯了小区业主对小区事务的决定权。因此，业主们向人民法院提起民事诉讼，要求撤销业主委员会作出的"与甲公司续签《物业服务合同》"的决定。业主的诉讼请求得到了法院的支持。那么，如果业主认为业主大会或者业主委员会作出的决定侵害了业主权益，应如何合法维权呢？

说法

根据相关法律规定，业主大会或者业主委员会作出的决定侵害业主合法权益的，受侵害的业主可以请求人民法院予以撤销。业主受侵害的合法权益既包括实体权益，也包括程序权益。实体权益包括建筑专有部分所有权以及专有部分以外共有部分共有和共同管理的权利；程序权益指决定内容虽未侵害业主区分所有权人的合法权益，但决定逾越了法定或约定的权限范围或者作出决定的程序违反了法律、法规强制性规定。对程序是否违法应根据业主大会议事规则及相关法律法规对投票表决程序、投票是否采取法定形式、票数是否达到法定要求以及表决票真实性和有效性等规定进行判断。选聘和解聘物业服务企业或者其他管理人，应由全体业主决定，应当由专有部分面积占比三分之二以上的业主且人数占比三分之二以上的业主参与表决，且经参与表决专有部分面积过半数的业主且参与表决人数过半数的业主同意。

本案中，是否与甲公司续签物业服务合同，业主委员会需经业主表决同意后才可以在业主大会的授权下与甲公司续签物业服务合同。但业主委员会的实际做法却并不符合法律的要求。业主委员会仅张贴了征询公告，采用默示即为认可的方式推断过半数业主已同意，这并不符合法律规定的"由专有部分面积占比三分之二以上的业主且人数占比三分之二以上的业主参与表决……经参与表决专有部分面积过半数的业主且参与表决人数过半数的业主同意"的要求，这种做法实际上是侵害了业主对小区事务的参与权与决定权。因此，业主委员会与甲公司续签物业服务合同的决定程序违法，应予撤销。

找法

《中华人民共和国民法典》

第二百七十八条　下列事项由业主共同决定：

……

（四）选聘和解聘物业服务企业或者其他管理人；

……

业主共同决定事项，应当由专有部分面积占比三分之二以上的业主且人数占比三分之二以上的业主参与表决。决定前款第六项至第八项规定的事项，应当经参与表决专有部分面积四分之三以上的业主且参与表决人数四分之三以上的业主同意。决定前款其他事项，应当经参与表决专有部分面积过半数的业主且参与表决人数过半数的业主同意。

第二百八十条　业主大会或者业主委员会的决定，对业主具有法律约束力。

业主大会或者业主委员会作出的决定侵害业主合法权益的,受侵害的业主可以请求人民法院予以撤销。

举一反三

根据《最高人民法院关于审理建筑物区分所有权纠纷案件适用法律若干问题的解释》的规定,业主以业主大会或者业主委员会作出的决定侵害其合法权益或者违反了法律规定的程序为由,依据《中华人民共和国民法典》第280条第2款的规定请求人民法院撤销该决定的,还必须注意行使撤销权的期间,即应当在知道或者应当知道业主大会或者业主委员会作出决定之日起1年内行使。这个期间是不变期间,不存在中止、中断或延长的可能。

16 业主有权要求业主委员会公布哪些信息？

遇事

小赵系Y小区的业主，Y小区成立业主委员会两年以来，业主委员会在维修基金收缴使用、车位费收支等事项上缺乏透明度，引起包括小赵在内的许多业主的不满。业主们多次派代表小赵主动与业主委员会沟通无果后，小赵向人民法院提起民事诉讼，要求小区业主委员会公布小区建筑物及附属设施的维修资金筹集使用情况；公布本届业主委员会与物业公司之间的服务合同及共有部分的使用和收益情况；公布停车费收支分配和车位处分情况；公布本届业委会任期内的各年度财务收支账目、收支凭证等。小赵的诉求得到了法院的支持。那么，业主到底有权要求业主委员会公布哪些信息呢？

说法

业主对小区公共事务和物业管理的相关事项享有知情权，小区管理质量如何，与每一名业主都息息相关。只有业主委员会满足业主的知情权，引导业主参与小区各项管理事务，监督物业履行职责，才能调动业主共建美好家园的积极性，才有可能提升小区的管理水平，从而把小区管理好、建设好、维护好。业主可以向业主委员会要求公布、查阅下列应当向业主公开的情况和资料：（1）建筑物及其附属设施的维修资金的筹集、使用情况；（2）管理规约、业主大会议事规则，以及业主大会或者业主委员会的决定及会议记录；（3）物业服务合同、共有部分的使用和收益情况；（4）建筑区划内规划用于停放汽车的车位、车库的处分情况；（5）其他应当向业主公开的情况和资料。

本案中，小赵作为单个业主，对小区公共事务管理具有知情权，其采用提起诉讼的方式要求业主委员会公开相关信息，维护自身作为业主的知情权，是合法维权的做法。其要求公开的信息和资料符合法律规定，属于业主

一、业主篇

知情权的范围，因此，应得到法律的支持。

找法

《最高人民法院关于审理建筑物区分所有权纠纷案件适用法律若干问题的解释》

第十三条 业主请求公布、查阅下列应当向业主公开的情况和资料的，人民法院应予支持：

（一）建筑物及其附属设施的维修资金的筹集、使用情况；

（二）管理规约、业主大会议事规则，以及业主大会或者业主委员会的决定及会议记录；

（三）物业服务合同、共有部分的使用和收益情况；

（四）建筑区划内规划用于停放汽车的车位、车库的处分情况；

（五）其他应当向业主公开的情况和资料。

举一反三

业主可以通过以下三条途径维护自己的知情权：第一，业主可以集资，聘请审计公司对公共收益收支账目进行审计。如果业主委员会拒绝审计，业主可以启动业主委员会罢免程序。第二，业主可以向法院起诉，一旦判决生效，法院可以强制业主委员会公开相关账目及原始凭证。第三，业主知情权很广，不仅包括公共收益收支等，还包括业主委员会会议记录、相关决议及对外签订的合同等，另有业主大会成立、管理规约及议事规则、业主委员会换届等情况，这些资料和文件都应该在街道办事处有备案。业主可通过申请政府信息公开的方式获取这些备案材料，为未来提起诉讼或是罢免业主委员会提供证据。

17 业主应如何对物业公司合法行使知情权?

遇事

林女士系北岸小区的业主,甲物业公司系北岸小区的物业服务企业。多年以来,甲物业公司一直利用北岸小区的某些共用部位进行经营并收取收益,但甲物业公司从未将经营收益情况向业主公示,也没有将收益返还给业主。以林女士为代表的部分业主多次与甲物业公司沟通交涉,要求其公开相关资料和信息,但均被甲物业公司拒绝。无奈之下,林女士向人民法院提起诉讼,要求甲物业公司向业主公布共用部位经营收益情况及相关财务资料。林女士的诉求得到了法院的支持。那么,业主应如何依法向物业公司行使知情权呢?

说法

业主对小区公共事务和物业管理的相关事项享有知情权,物业公司根据业主委托进行物业管理服务时,应接受业主的监督。我国现行法律规定,物业服务人应当定期将服务的事项、负责人员、质量要求、收费项目、收费标准、履行情况,以及维修资金使用情况、业主共有部分的经营与收益情况等以合理方式向业主公开并向业主大会、业主委员会报告。根据法律规定,物业服务企业对住宅小区业主的共用部位、共用设施设备进行经营所产生的公共收益情况,如住宅小区楼道、屋面、电梯、外墙、道闸等广告费;公共场地、公共道路的车辆停放场地使用费;公共场地摆摊、自助售卖机、快递柜进场等收入,业主有权知晓并监督,物业服务企业应在物业服务区域内醒目位置公开公示相关信息并向业主分配相关收益。

本案中,林女士作为业主,有权提起诉讼要求甲物业公司公开共用部位经营收益情况的相关信息,以维护自身作为业主的知情权。其主张知情权的范围符合法律要求，应得到法院的支持。林女士在知晓北岸小区共用部位经营收益情况的基础上，还可以进一步要求甲物业公司向业主返还收益。

找法

《中华人民共和国民法典》

第九百四十三条 物业服务人应当定期将服务的事项、负责人员、质量要求、收费项目、收费标准、履行情况，以及维修资金使用情况、业主共有部分的经营与收益情况等以合理方式向业主公开并向业主大会、业主委员会报告。

举一反三

业主在行使知情权时应注意以下问题：一是不能对物业公司已经公开的信息提起知情权诉讼，凡是在物业管理区域内已经公布的事项，视为业主已经知情的事项；二是业主应该以合适的方式行使知情权，一般比较合适的方式为请求公布或请求查阅，而书面答复或书面说明则不适合在诉讼中使用。业主请求以不合理的方式行使知情权，无法获得法院的支持。

遇事找法 物业纠纷一站式法律指引

18 业主行使知情权受诉讼时效的限制吗？

遇事

甲公司是G小区的物业服务企业，自2009年7月起一直为G小区提供物业服务。甲公司自为G小区提供物业服务以来，从未向业主公开公示过物业服务合同及公共维修资金的使用情况。

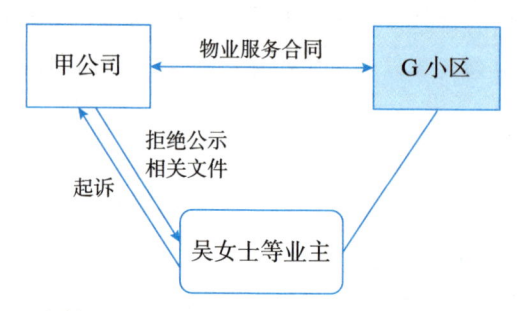

业主多年来反复多次向甲公司提出，要求其公示本小区的物业服务合同及维修资金使用情况，但均遭到甲公司拒绝。无奈之下，2022年10月，以吴女士为代表的业主们将甲公司起诉至人民法院，依法行使业主知情权，要求甲公司公开公示G小区自2009年7月起至2022年9月期间所签订的本小区的物业服务合同及公共维修资金的使用情况。甲公司则抗辩称，业主要求公示的期间大部分已超过法律规定的诉讼时效，不应得到支持。那么，业主行使知情权受诉讼时效的限制吗？

说法

我国现行法律规定，物业服务人应当定期将服务的事项、负责人员、质量要求、收费项目、收费标准、履行情况，以及维修资金使用情况、业主共有部分的经营与收益情况等以合理方式向业主公开并向业主大会、业主委员会报告。业主的知情权来自对建筑物专有部分的所有权和对共有部分的共有

046

和共同管理权,是业主基于业主的特定身份所获得的,其本质上属于物权请求权,而诉讼时效是基于债权请求权提出的抗辩。业主知情权是业主基于所有权人地位取得并享有的固有权利,并非债权请求权,因此不适用诉讼时效的规定。

本案中,甲公司向业主公示物业服务合同及公共维修基金的使用情况是物业服务企业的应尽义务,甲公司怠于履行该义务的,业主有权提起知情权诉讼。虽然业主要求行使知情权的期间为2009年7月至2022年9月,长达十余年,但业主知情权诉讼的权利基础来源于物权,不受诉讼时效的限制,业主有权要求甲公司公开公示上述期间所签订的G小区的物业服务合同及公共维修基金的使用情况。甲公司的抗辩理由不成立,法院应当判决支持业主的诉讼请求。

找法

《中华人民共和国民法典》

第九百四十三条 物业服务人应当定期将服务的事项、负责人员、质量要求、收费项目、收费标准、履行情况,以及维修资金使用情况、业主共有部分的经营与收益情况等以合理方式向业主公开并向业主大会、业主委员会报告。

举一反三

业主知情权纠纷属于行为类执行案件,不同于金钱给付类执行案件,常常面临生效法律文书确定的执行内容不够明确具体、可采取的强制措施受限、由被申请人管理不善造成的必要材料缺失等执行困境。

如果生效法律文书中确定的需要物业服务企业公开公示的材料实际上已经灭失，已不具有执行的可能性，案件也就无法执行。因此，虽然业主知情权不受诉讼时效限制，但需公开公示的材料却是由物业服务企业保管的，而物业服务企业的管理能力参差不齐，时间越久，材料毁损灭失的风险就越大，最终会导致业主的知情权无法实现。因此，对于业主来说，及时行使知情权、及时主张知情权是必要的。

19 承租人受物业管理规约的约束吗？

遇事

张女士将其所有的位于发展小区的一套商品房长期出租给吴先生居住。为了保暖的需要，吴先生擅自将房屋一侧未封闭的阳台进行封闭。该小区的物业服务企业甲公司于发现当日立即前往现场，要求吴先生拆除封闭部分并将阳台恢复原状，并告知吴先生该小区业主大会表决通过的《管理规约》上明确约定业主不得私自封闭阳台。但吴先生对甲公司的要求和规劝置之不理，称自己不是业主，业主是张女士，也从未见过或签署过管理规约，因此不受管理规约的约束。后甲公司多次来到现场要求吴先生拆除，并向吴先生发出限期拆除通知，但吴先生仍坚持不予拆除。那么，承租人需要受到物业管理规约的约束吗？

说法

物业管理规约，是由全体业主共同制定，并经业主大会表决通过的，有关业主在物业使用、维护、管理方面的权利义务的规范，对全体业主具有约束力，并对物业使用人同样具有约束力。物业使用人就包括承租人、借用人等物业建筑物的占有人及使用人。因此，承租人受管理规约的约束，不能以未签署、不知晓物业管理规约为借口而不遵守管理规约的规定。

本案中，吴先生虽为承租人，而非业主，但也必须受到该小区物业管理规约的约束，既然物业管理规约中明确要求不得私自封闭阳台，吴先生就必须遵守该规定，将其私自封闭的阳台恢复原状。同时，吴先生作为承租人，其未经业主张女士的同意就私自封闭阳台，很可能也违反了双方房屋租赁合同的相关约定，吴先生有可能还需要向张女士承担违约责任。

找法

《物业管理条例》

第十七条 管理规约应当对有关物业的使用、维护、管理，业主的共同利益，业主应当履行的义务，违反管理规约应当承担的责任等事项依法作出约定。

管理规约应当尊重社会公德，不得违反法律、法规或者损害社会公共利益。

管理规约对全体业主具有约束力。

举一反三

在实际生活中，如果承租人违反管理规约，可能承担的责任有哪些呢？一是可能要对其他业主承担责任，承租人作为物业的非业主使用人，依法受管理规约的约束，如违反管理规约，应向其他业主承担责任，同时，业主需对非业主物业使用人违反管理规约的行为承担连带责任；二是可能要对业主或出租人承担责任，一方面由于承租人违反管理规约的行为导致业主对其他业主承担责任的，业主可依法向承租人主张追偿；另一方面根据承租人与出租人的房屋租赁合同，如果承租人违反管理规约的行为同时违反了房屋租赁合同的约定，则出租人有权要求承租人依据房屋租赁合同承担相应违约责任。

20 业主和物业公司有权动用公共维修基金吗？

遇事

甲公司是B小区的物业服务企业。近期，B小区部分楼栋出现了外墙面开裂的情况，业主要求物业服务企业甲公司进行维修，甲公司表示若要动用公共维修基金进行维修，需要获得业主的同意。那么，公共维修基金在什么情况下可以使用？谁有权动用公共维修基金呢？

说法

公共维修基金一般指住宅专项维修资金，是专项用于住宅共用部位、共用设施设备保修期满后的维修、更新和改造的资金，一般由业主购房时一次性交纳，由成立的业主委员会或是小区所在地的房管局保管。公共维修基金由全体业主共有，经业主共同决定，可以用于电梯、屋顶、外墙、无障碍设施等共有部分的维修、更新和改造。使用公共维修基金，应当由专有部分面积占比三分之二以上的业主且人数占比三分之二以上的业主参与表决，且应当经参与表决专有部分面积过半数的业主且参与表决人数过半数的业主同意。因此，决定使用公共维修基金的权利在业主，而不在物业公司。

找法

《中华人民共和国民法典》

第二百七十八条 下列事项由业主共同决定：

……

（五）使用建筑物及其附属设施的维修资金；

......

业主共同决定事项,应当由专有部分面积占比三分之二以上的业主且人数占比三分之二以上的业主参与表决。决定前款第六项至第八项规定的事项,应当经参与表决专有部分面积四分之三以上的业主且参与表决人数四分之三以上的业主同意。决定前款其他事项,应当经参与表决专有部分面积过半数的业主且参与表决人数过半数的业主同意。

第二百八十一条 建筑物及其附属设施的维修资金,属于业主共有。经业主共同决定,可以用于电梯、屋顶、外墙、无障碍设施等共有部分的维修、更新和改造。建筑物及其附属设施的维修资金的筹集、使用情况应当定期公布。

紧急情况下需要维修建筑物及其附属设施的,业主大会或者业主委员会可以依法申请使用建筑物及其附属设施的维修资金。

[举一反三]

既然公共维修基金一般是由业主在购房时一次性交纳的,那么业主在出售房屋时,能不能将购房时交纳的公共维修基金提走呢?在我国,公共维修基金实行"钱随房走"的原则,因此,业主在转让房屋时,不能将购房时交纳的公共维修基金提走,账户里的余额资金会随房屋转移给房屋的新的产权所有人。

一、业主篇

21 物业公司挪用公共维修基金，业主应如何维权？

遇事

甲公司为D小区的物业服务企业。在业主们入住后的第5年，D小区召开业主大会，并通过选举成立了业主委员会。因多年来，业主们对小区的公共维修基金使用情况并不了解。因此，业主们提请业主委员会要求甲公司公开近5年来的公共维修基金使用情况，业主委员会向甲公司发送了要求公示公共维修基金使用情况的函，但甲公司仍然不予公示。后很多业主经查询发现，自家房屋的公共维修基金曾被支出。业主们认为，刚入住小区的5年，应该是设施设备运转稳定的时期，平时没发现设施设备有严重的损坏，也从未看到小区进行过大规模的维修，且业主们从未同意过使用公共维修基金，业主们怀疑公共维修基金被物业公司挪用了。于是，业主委员会向当地房地产主管部门反映了相关情况，经房地产主管部门调查，是甲公司采取了伪造业主签名、虚构材料等方式挪用了业主们的公共维修基金共计92万元。遇到物业公司挪用公共维修基金的情况，业主应该如何维护自身权益呢？

说法

公共维修基金属业主共有，专项用于物业保修期满后物业共用部位、共用设施设备的维修和更新、改造，不得挪作他用。使用公共维修基金，需获得业主们的同意。甲公司在业主们不知情的情况下，采取伪造业主签名、虚构材料等方式挪用公共维修基金，应由房地产主管部门追回挪用的公共维修基金，并依法对物业公司进行处罚，构成犯罪的，依法追究直接负责的主管人员和其他直接责任人员的刑事责任。

业主们一旦发现小区的公共维修基金被挪用，应向当地房地产主管部门及时反映情况，由主管部门对相关事实进行调查。涉嫌刑事犯罪的，业主们也可以向公安机关申请立案侦查。同时，物业公司擅自动用公共维修基金的行为不仅侵害了业主的权益，也可能涉及违反物业服务合同，业主们可提起民事诉讼，要求物业公司退还挪用的公共维修基金并支付违约金。

找法

《物业管理条例》

第五十三条 住宅物业、住宅小区内的非住宅物业或者与单幢住宅楼结构相连的非住宅物业的业主，应当按照国家有关规定交纳专项维修资金。

专项维修资金属于业主所有，专项用于物业保修期满后物业共用部位、共用设施设备的维修和更新、改造，不得挪作他用。

专项维修资金收取、使用、管理的办法由国务院建设行政主管部门会同国务院财政部门制定。

《住宅专项维修资金管理办法》

第三十七条第一款、第二款 违反本办法规定，挪用住宅专项维修资金的，由县级以上地方人民政府建设（房地产）主管部门追回挪用的住宅专项维修资金，没收违法所得，可以并处挪用金额2倍以下的罚款；构成犯罪的，依法追究直接负责的主管人员和其他直接责任人员的刑事责任。

物业服务企业挪用住宅专项维修资金，情节严重的，除按前款规定予以处罚外，还应由颁发资质证书的部门吊销资质证书。

举一反三

公共维修基金被形象地称为"房屋的养老金",足见其是住宅小区长期良好运行的必要保障,与小区房屋整体保值增值息息相关,也直接影响每一位业主的切身利益。因此,业主们,尤其是尚未成立业主委员会的小区业主们,可以从以下两方面着手,关注小区公共维修基金的使用情况,维护自身的权益。

一是知晓物业服务企业套取公共维修基金的常用手段:或虚列维修科目,或夸大维修需求,或故意不及时维修、将"小病"拖成"大病",以此为由申请公共维修基金;申请公共维修基金的金额高于实际所需维修费用,赚取差额;与服务商串通,以虚高的价格结算维修费用,赚取差价;直接伪造业主签字,申请公共维修基金。

二是要积极行使业主知情权,及时了解公共维修基金的使用情况,如果物业服务企业不配合业主行使知情权,或已经发现公共维修基金的使用存在异常情况,要及时提起民事诉讼,必要时可引入第三方审计。尤其是在业主委员会未成立之前,只有业主定期积极关注公共维修基金的使用情况,才能对物业服务企业形成有效的监督,才可以有效地避免物业服务企业作出侵害全体业主权益的行为。

22 合法筹集公共维修基金但部分业主拒绝交纳，如何处理？

遇事

2021年9月，H小区召开业主大会，专项讨论小区道路维修问题，业主大会依法定程序作出决定，小区路面破损严重，决定启动道路维修工程，鉴于小区的公共维修基金已不足以支付此次工程的费用，需向每户业主收取此次用于道路维修的公共维修基金，平均每户3000元（最终按照工程实际支出及每户的面积大小来确定具体数额），由主业委员会负责收取。业主委员会经过一个月的筹集，成功收取了绝大部分业主交纳的公共维修基金，但仍有十二户业主不同意交纳。业主委员会召开业主大会，并依法通过表决形成决议，授权业主委员会与道路维修施工单位签订施工合同，并由业主委员会代表已经交纳公共维修基金的业主向十二户未交纳公共维修基金的业主提起民事诉讼。在签订施工合同后，业主委员会按照业主大会的决议，向未交纳公共维修基金的十二户业主提起了诉讼，要求其限期支付公共维修基金。业主委员会的诉求得到了法院的支持。那么，业主是否有权利不交纳公共维修基金，如果合法筹集公共维修基金遭到业主拒绝，又应该如何处理呢？

说法

根据我国现行法律规定，业主对建筑物专有部分以外的共有部分，享有权利，承担义务；不得以放弃权利为由不履行义务。小区建筑区划内的道路属于业主共有，全体业主享有权利的同时，也应共同承担义务。小区道路维修属于对共用设施设备的维修，道路维修工程费用属于公共维修基金的筹集范围。业主大会依照法定程序作出的决议，对全体业主具有约束力，持反对观点的业主也需要按照决议执行，不能不履行业主对共用部位的义务。

本案中，H小区业主大会依照法定程序作出决定，启动小区道路维修工程并向各业主收取专项维修资金，该决定对全体业主有约束力。小区规划内道路属全体业主共有，全体业主共同享受权利并承担义务，因小区道路维修而产生的专项施工费应由全体业主承担。对于拒不交纳专项维修资金的业主，其他业主有权利要求其限期交纳。业主委员会依照业主大会的决议，有权向这十二户业主提起诉讼，要求其交纳专项维修资金，法院判决支持业主委员会的诉求是正确的。

找法

《中华人民共和国民法典》

第二百七十三条第一款 业主对建筑物专有部分以外的共有部分，享有权利，承担义务；不得以放弃权利为由不履行义务。

第二百七十四条 建筑区划内的道路，属于业主共有，但是属于城镇公共道路的除外。建筑区划内的绿地，属于业主共有，但是属于城镇公共绿地或者明示属于个人的除外。建筑区划内的其他公共场所、公用设施和物业服务用房，属于业主共有。

《物业管理条例》

第五十三条 住宅物业、住宅小区内的非住宅物业或者与单幢住宅楼结构相连的非住宅物业的业主，应当按照国家有关规定交纳专项维修资金。

专项维修资金属于业主所有，专项用于物业保修期满后物业共用部位、共用设施设备的维修和更新、改造，不得挪作他用。

专项维修资金收取、使用、管理的办法由国务院建设行政主管部门会同国务院财政部门制定。

《住宅专项维修资金管理办法》

第二条 商品住宅、售后公有住房住宅专项维修资金的交存、使用、管理和监督，适用本办法。

本办法所称住宅专项维修资金，是指专项用于住宅共用部位、共用设施设备保修期满后的维修和更新、改造的资金。

第三条第二款 本办法所称共用设施设备，是指根据法律、法规和房屋买卖合同，由住宅业主或者住宅业主及有关非住宅业主共有的附属设施设备，一般包括电梯、天线、照明、消防设施、绿地、道路、路灯、沟渠、池、井、非经营性车场车库、公益性文体设施和共用设施设备使用的房屋等。

举一反三

业主承担住宅共用部位、共用设施设备的维修和更新、改造费用的分摊规则为：商品住宅之间或者商品住宅与非住宅之间共用部位、共用设施设备的维修和更新、改造费用，由相关业主按照各自拥有物业建筑面积的比例分摊；售后公有住房之间共用部位、共用设施设备的维修和更新、改造费用，由相关业主和公有住房售房单位按照所交存住宅专项维修资金的比例分摊，其中，应由业主承担的，再由相关业主按照各自拥有物业建筑面积的比例分摊；售后公有住房与商品住宅或者非住宅之间共用部位、共用设施设备的维修和更新、改造费用，先按照建筑面积比例分摊到各相关物业，其中，售后公有住房应分摊的费用，再由相关业主和公有住房售房单位按照所交存住宅专项维修资金的比例分摊。

一、业主篇

23 物业服务存在瑕疵，业主能拒绝交纳物业费吗？

遇事

扫一扫，听案情

A小区

周先生，您家的物业费该交了，您都拖了好几个月了。

如果您再不交物业费，我公司会考虑起诉您了。

随便！

物业管理如此混乱，你还好意思催我交物业费？

我方要求周先生按照合同约定支付物业费并支付违约金。

原告

物业公司的物业服务质量太差了，我之所以不交物业费，就是想敦促他们整改一下。

被告

059

说法

物业服务是物业服务企业针对全体业主和小区整体区域提供的一种持续性、长期性、综合性的服务，具有公共性和整体性，涉及全体业主的公共利益，而物业费是用于整体物业设施的维护保养、正常秩序维护所必需的费用。物业服务是否存在瑕疵及其瑕疵程度，应当根据物业服务合同的约定、提供物业服务的条件、物业服务过程及效果等因素综合考量。如果物业服务存在违反法律法规、安全保障等重大瑕疵，物业费应予适当减免，因物业服务瑕疵导致的损失，业主可以要求物业公司进行赔偿。但如果物业服务不存在重大瑕疵，小区运转秩序正常，针对一些服务细节上存在的些许瑕疵，业主都选择以拒交物业费的方式来对抗物业公司，不但不能真正解决问题，还会造成物业公司没有足够的运营费用使得服务水平进一步下降的恶性循环，最终损害的仍是业主的利益。因此，如果物业服务存在一般瑕疵，而非重大瑕疵，业主仍应按照合同约定的物业费标准向物业服务人支付物业费。

本案中，周先生所在的A小区运转秩序正常，但在保洁服务方面存在一定的瑕疵和问题，如果业主以拒交物业费的方式表达不满，最终将会影响整个小区正常的物业管理服务，因此，周先生没有理由拒绝交纳物业费。同时，物业公司作为提供服务的一方，不仅应严格遵守法律法规、行业规范，遵守物业服务合同的约定，更应当不断提升服务水平和质量，接受业主的监督，认真听取业主的合理意见，增强服务意识，切实解决物业服务中存在的问题，因此，周先生无需支付违约金。

找法

《中华人民共和国民法典》

第九百四十四条 业主应当按照约定向物业服务人支付物业费。物业服务人已经按照约定和有关规定提供服务的，业主不得以未接受或者无需接受相关物业服务为由拒绝支付物业费。

业主违反约定逾期不支付物业费的，物业服务人可以催告其在合理期限内支付；合理期限届满仍不支付的，物业服务人可以提起诉讼或者申请仲裁。

物业服务人不得采取停止供电、供水、供热、供燃气等方式催交物业费。

《物业管理条例》

第七条 业主在物业管理活动中，履行下列义务：

……

（五）按时交纳物业服务费用；

……

举一反三

对于尚未成立业主委员会的小区，如业主对物业公司的服务水平、质量等有异议，要通过合法途径维护权益。如及时向物业公司反映、沟通，要求物业公司整改提高。若沟通无果，可向县级以上地方人民政府房地产行政主管部门进行投诉。业主可用手机、相机等记录保留相应的证据，有理有据地进行沟通，而不是简单消极地通过拒绝交纳物业费来对抗。

24 物业公司合同期满未续签但仍提供服务，业主能拒交物业费吗？

遇事

G小区业主委员会与甲物业公司签订物业管理服务合同，约定由甲物业公司为G小区提供物业管理服务。甲物业公司一直按照物业合同约定的服务标准，保质保量地为G小区提供物业服务。上述物业管理服务合同期满后，甲物业公司未收到G小区业主委员会的续聘或解聘通知，G小区亦未另行选聘新物业公司，甲物业公司便继续为G小区提供物业服务。到了甲物业公司收取物业费的时候，许多业主提出，既然甲物业公司与业主委员会签订的物业服务合同已到期，甲物业公司与G小区业主便已经没有物业合同关系，那么甲物业公司就无权向业主收取物业合同期满之后的物业费，因此拒绝向甲物业公司交纳相应物业费。甲物业公司将欠缴物业费的业主起诉至人民法院，要求业主按照物业管理服务合同的约定支付物业费。那么，当物业公司服务合同期满未续签但仍提供物业服务时，业主可以以此为由拒交物业费吗？

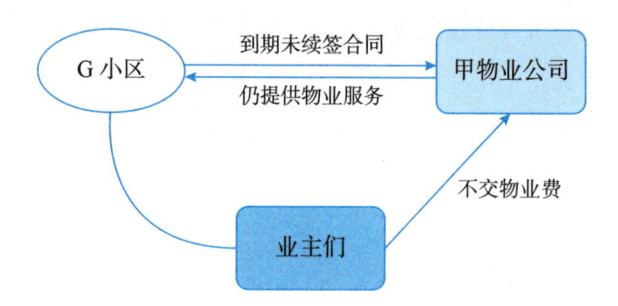

```
    G小区  ──到期未续签合同──→  甲物业公司
           ←──仍提供物业服务──
             ↑                      ↑
             │                 不交物业费
             └──── 业主们 ──────────┘
```

062

说法

业主委员会与业主大会依法选聘的物业服务企业签订的物业服务合同对业主具有约束力。业主在享受物业服务合同权利的同时，应当承担物业服务合同约定的义务。物业服务合同到期后，业主没有另聘其他物业服务人的，原物业服务人若继续提供物业服务，原物业服务合同继续有效，但是服务期限为不定期。原物业服务人有权要求业主支付服务期间的物业费用。业主不得以未续签物业服务合同为理由拒绝支付物业费。

本案中，G小区业主在物业服务合同到期后，并没有依法作出续聘甲物业公司或者另聘其他物业服务企业的决定，甲物业公司也继续为G小区提供物业服务，因此甲物业公司与G小区业主委员会签订的物业服务合同继续有效，G小区的业主继续受物业服务合同的约束，既然享受了甲物业公司提供的物业服务，就应该交纳物业费。甲物业公司的诉求应得到法院的支持。

找法

《中华人民共和国民法典》

第九百四十八条 物业服务期限届满后，业主没有依法作出续聘或者另聘物业服务人的决定，物业服务人继续提供物业服务的，原物业服务合同继续有效，但是服务期限为不定期。

当事人可以随时解除不定期物业服务合同，但是应当提前六十日书面通知对方。

第九百五十条 物业服务合同终止后，在业主或者业主大会选聘的新物业服务人或者决定自行管理的业主接管之前，原物业服务人应当继续处理物业服务事项，并可以请求业主支付该期间的物业费。

举一反三

如果物业服务期限届满后，业主没有依法作出续聘或者另聘物业服务人的决定，原物业服务企业也不能直接退出。这是因为物业服务合同具有特殊性，关系到小区所有业主的切身利益。因此，在物业服务合同期满至重新选聘物业公司前这一阶段，为保证小区正常运转，原物业服务企业不能径自退出，应继续提供物业服务，并按物业服务合同约定的标准收取物业费。

一、业主篇

㉕ 住在一层的业主，需要交纳电梯费吗？

遇事

张奶奶年纪大了腿脚不灵便，因此购买了位于M小区内一栋高层住宅楼一层的一套房屋。甲物业公司是M小区的物业服务企业。在甲物业公司收取物业费的时候，张奶奶对物业费中的一项电梯费提出了异议，认为自己住在一楼，从来都不使用电梯，因此不应该交纳电梯费。甲物业公司向张奶奶解释，电梯费是每户业主都需要交纳的，但张奶奶仍然不同意交纳电梯费。无奈，甲物业公司将张奶奶起诉至人民法院，要求张奶奶按照物业服务合同的约定支付物业费，其中就包含电梯费。那么，对于住在一层的业主，即使从来都不使用电梯，也需要交纳电梯费吗？

说法

居住在一楼的业主通常较少或从不使用电梯，那么一楼业主是否需要和其他业主一样交纳电梯费呢？物业费是业主委托物业服务企业对居住小区内的房屋建筑及其设备、公用设施、绿化、卫生、交通、治安和环境等项目进行日常维护、修缮、整治及提供其他与居民生活相关的服务所收取的费用。而电梯费通常是服务费的一项内容，电梯费实际上指的是电梯运行维护费，是指电梯的日常运行以及维护所发生的费用，主要包括运行电费、年检费、保险费、日常维护保养费和维修材料费等，不包括电梯的中修、大修和更新改造费用。物业服务企业收取的这笔费用主要是用于保障物业管理区域内电梯设备的正常运行和维护保养。既然电梯是建筑物的附属设施，是共有部分，每个业主对共有部分均享有权利，也承担义务，业主不能因自愿放弃权利就拒绝承担义务。因此，只要业主所购买的住宅附带有电梯这一公共设施，就应该交纳电梯费。

本案中，张奶奶住在一楼，较少使用电梯，这是其主动放弃权利的行为，但张奶奶不能以放弃权利为由拒绝承担交纳电梯费的义务，法院应支持甲物业公司的诉讼请求。

找法

《中华人民共和国民法典》

第二百七十三条第一款　业主对建筑物专有部分以外的共有部分，享有权利，承担义务；不得以放弃权利为由不履行义务。

举一反三

一楼住户在生活中确实较少使用电梯，尤其是在没有负一层的小区，一层住户基本上是不需要使用电梯的，让这些业主为自己不使用的设施设备付费，业主不情愿也是难免的。但交纳电梯费是业主的法定义务，建议一楼业主不要以不交物业费的方式进行对抗，应积极跟物业服务企业就电梯费一事充分协商，争取免收或根据实际情况减免一楼住户的部分电梯费，并将相关内容写进物业服务合同。

一、业主篇

26 业主专有部分设施设备的维修属于物业服务范围吗？

遇事

扫一扫，听案情

> 物业吗？我家厨房水管漏水了，你们快点派人来修！

> 这不是你们物业公司该做的吗？怎么还要收费？

> 漏水的原因是您家的水管坏了，更换的话，您需要支付维修费。

> 我之前交了那么多物业费，就不能免费帮我修个水管吗？

> 这不是一码事啊。

F小区

> 以后我都不会交了。

> 今年的物业费，您什么时候交啊？

067

说法

本案中，业主与物业公司的主要争议点为对于业主专有部分的设施设备的维修是否属于物业服务范围，业主是否应该另行支付维修费。通常，物业服务合同会对物业公司的服务范围进行明确约定，无论约定物业公司对业主专有部分提供免费维修服务还是有偿维修服务，物业公司与业主均应该按照物业服务合同的约定执行。实践中，还有很多小区并未签订物业服务合同，或者物业服务合同对于物业公司的维修范围约定得并不明确，那么通常可以按照以下原则来掌握物业公司的维修义务范围。一般来说，物业公司对共用部位和共用设备、公共建筑和共用设施，包括房屋的外墙面、楼梯间、通道、屋面、电梯、机电设备、共用天线、消防设施、绿地等承担养护责任；业主应对其专有部分承担维修养护责任，包括室内的设施设备，水、电、气等户内管线，设施和自用阳台等，均应由业主负责维修。当然，如房屋仍在保修期内且属于保修范围，业主也可以联系开发商进行维修。虽然，《物业管理条例》中规定，"供水、供电、供气、供热、通信、有线电视等单位，应当依法承担物业管理区域内相关管线和设施设备维修、养护的责任"，但业主仍应承担其专有部分的维修义务。

本案中，小李家需要维修的水管属于业主专有部分，如果该小区的物业服务合同中明确约定了业主专有部分的维修属于物业服务范围，则甲物业公司不应再向小李收取维修费。如该小区的物业服务合同中并未约定业主专有部分的维修属于物业服务范围，应由业主小李自行负责，那么小李如需物业公司提供维修服务，就应该支付相应的维修费。

找法

《物业管理条例》

第二条 本条例所称物业管理，是指业主通过选聘物业服务企业，由业主和物业服务企业按照物业服务合同约定,对房屋及配套的设施设备和相关场地进行维修、养护、管理,维护物业管理区域内的环境卫生和相关秩序的活动。

举一反三

> 需要注意的是,物业服务企业并不是大包大揽负责小区内所有的维修问题,业主应该知晓物业服务合同的相关内容,尤其是物业服务企业的服务范围和质量要求,这样在生活中发生问题的时候,能够第一时间寻求到有效帮助,如发生物业服务企业怠于履行合同义务的情况,也能够及时维护自己的权益。

27 暖气不热，应由物业公司负责解决吗？

遇事

肖先生为Z小区的业主，甲物业公司为Z小区的物业服务企业。Z小区冬季供暖方式为集中供热，由乙热力公司提供供热服务，用暖人直接向乙热力公司交纳供暖费。可到了供暖季，肖先生发现家里暖气不热，经过多次放气，暖气仍然只是微温，室内温度很低。肖先生找到乙热力公司，但乙热力公司迟迟不派人上门维修。肖先生又找到甲物业公司要求解决，甲物业公司在上门查看后发现肖先生家的暖气设备没有问题，并告知肖先生应联系乙热力公司前来查看并维修。又过了一段时间，肖先生家暖气不热的问题一直没有得到妥善解决，于是肖先生不再交纳供暖费与物业费。甲物业公司在多次催缴物业费未果的情况下将肖先生起诉至人民法院，要求肖先生交纳物业费，肖先生以暖气不热作为抗辩理由，但没有得到法院的支持。那么，业主家暖气不热的问题应由物业公司负责解决吗？

说法

本案中，业主肖先生与甲物业公司争议的焦点是业主家暖气不热是否属于物业公司的责任范畴，是否能够成为业主拒交物业费的理由。根据我国现行法律、法规规定，供水、供电、供气、供热、通信、有线电视等单位，应当依法承担物业管理区域内相关管线和设施设备维修、养护的责任。在集中供暖方式下，供热单位与用户之间成立供热服务合同关系，供热单位有义务在供暖季节提供符合标准的供热服务，如果供暖不达标，业主可以在供暖期内向供热单位申请测量鉴定供暖是否达标，由供暖单位承担责任。而业主与物业公司之间成立的是物业服务合同关系，通常物业公司提供房屋及共有设施的管理与维修养护服务、保洁服务、协助公共秩序维护服务及绿化服务等。只要物业公司按照物业服务合同的约定履行了管理义务，业主就应当按照约定交纳物业费。一般情况下，物业公司对供暖不达标并无责任，业主不能据此拒绝交纳物业费。

本案中，Z小区为集中供热小区，由乙热力公司提供供热服务并收取供暖费，乙热力公司与肖先生之间成立了供用热力合同关系，如肖先生认为乙热力公司未能提供符合标准温度的供热服务，应在供用热力合同法律关系内要求乙热力公司予以解决。而甲物业公司不是提供供热服务和收取供暖费的主体，其与业主之间成立的是物业服务合同关系，甲物业公司在收到肖先生反映的暖气不热的情况后，立即派人前往查看，同时协助肖先生联系乙热力公司前来维修，甲物业公司已经履行了自身的物业管理义务。因此，对于肖先生家暖气不热的问题，应由乙热力公司予以解决，甲物业公司不需要承担责任，肖先生也不能因此拒交物业费。

找法

《物业管理条例》

第五十一条第一款 供水、供电、供气、供热、通信、有线电视等单位，应当依法承担物业管理区域内相关管线和设施设备维修、养护的责任。

举一反三

当业主遇到供暖季暖气不热、室内温度不达标的情况，要有收集并保留证据的意识。一旦发现室内温度不达标，应立即给供热单位打电话，或者拨打相关供热监管部门的监督电话，由供热单位、监管部门工作人员上门测量室温，或委托具备室温检测资质的第三方机构进行检测，并出具书面测量记录，这种检测结果才具有法律上的证明力。同时，还可通过申请证据保全等办法，将相关证据进行固定。

28 开发商交房时，是否有权要求业主预交物业费？

遇事

郑女士购买了山河公司开发建设的M小区商品房一套，但当郑女士前往办理交房手续的时候，山河公司告知郑女士必须先向前期物业服务企业大地公司预交2年的物业费，才能拿到房屋钥匙。郑女士认为，山河公司这样的要求不合理，不同意交纳，因此，山河公司拒绝向郑女士交付房屋钥匙，郑女士无法成功办理交房手续。此后，郑女士多次找山河公司沟通，要求其交付房屋钥匙，均被拒绝。无奈，郑女士起诉山河公司至人民法院，要求其交付房屋并支付逾期交房的违约金。郑女士的诉求获得了法院的支持。那么，开发商在交房时，是否有权要求业主预交物业费呢？

说法

开发商与买受人之间建立的是商品房买卖合同关系，开发商负有依照合同约定向买受人在一定期限内交付房屋的义务。物业服务企业与业主之间建立的是物业服务合同关系，物业公司依据物业服务合同向业主收取物业费。商品房买卖合同与物业服务合同是不同的法律关系，所对应的主体也是不一致的，如商品房买卖合同中没有约定买受人负有预先向物业服务企业交纳物业费的义务，则买受人在收房时便没有预交物业费的义务，开发商或物业服务企业不能借预交物业费为理由拒绝向房屋买受人交付房屋。开发商以此拒绝交房造成买受人迟延收房的，应由开发商按照商品房买卖合同的约定承担逾期交房的违约责任。

本案中，山河公司与郑女士签订的商品房买卖合同中没有约定买受人负有预先向物业服务企业交纳物业费的义务，因此，山河公司无权要求郑女士向大地公司预交物业费，更不能据此拒绝向郑女士交付房屋。由此导致郑女士收房延迟，山河公司不仅仍负有向郑女士交付房屋的义务，还应按照商品房买卖合同的约定承担逾期交房的违约责任。

找法

《中华人民共和国民法典》

第五百七十七条　当事人一方不履行合同义务或者履行合同义务不符合约定的，应当承担继续履行、采取补救措施或者赔偿损失等违约责任。

第六百零一条　出卖人应当按照约定的时间交付标的物。约定交付期限的，出卖人可以在该交付期限内的任何时间交付。

举一反三

房屋买受人在与开发商签订商品房买卖合同时，必须仔细阅读合同条款，如发现有不合理或对自己不利的内容要及时与开发商进行协商并更正，如要求买受人必须预交物业费才能交付房屋等条款。切不可由于合同文字量比较大就不仔细阅读，草率签订合同，这样一旦在合同履行过程中与开发商发生纠纷，将不利于房屋买受人维护自身的权益。

29 业主购买了产权车位，是否还要交纳停车管理费？

遇事

王女士同时购买了Y小区的商品房一套及地下产权车位一个。但入住后，Y小区的物业服务企业甲公司却通知王女士，要求王女士签订停车管理协议，并交纳停车管理费每月100元。王女士非常不理解，自家车位是自己购买的，拥有所有权，自己在自家车位上停车，为什么还要向物业公司交纳停车管理费？另外，自己在入住时便已经预先交纳了2年的物业费，没有理由再向物业公司交纳任何费用。王女士因此与甲公司产生争议。那么，业主在自有产权车位上停车，且未拖欠物业费，是否还应交纳停车管理费呢？

说法

停车管理费，也称停车服务费，通常情况下，业主向物业公司交纳的物业费并不包括停车服务费。停车服务费是指物业服务企业或专业管理机构对车位、车库及配套设施设备运行、维护、管理所收取的费用。一般包括管理服务人员薪资费用，车位、车库的公共设施设备运行能耗及维护保养费用，清洁卫生费用，秩序维护费用及法定税费等。业主虽然已向车位原所有权人（通常是开发商）交纳了购买车位的费用，从而成为车位的所有权人，但这只是购买车位的费用，并不包括用于维护、保养、管理车位的停车管理费。因此，业主并不因为出资购买了产权车位且按时交纳了物业费就可以不交纳停车管理费。

但是物业公司收取停车管理费要有依据。物业公司规划停车位、收取停车管理费等事项都要经由业主大会讨论决定，业主同意后方能实行，物业公司在业主大会的授权下方能收取停车服务费。如果物业服务合同中已经明确约定了物业公司提供的停车管理服务的范围、标准及价格等内容，则物业公司应按照合同约定收取停车管理费。

本案中，王女士所在的Y小区为新小区，尚未召开业主大会，也未成立业主委员会。如物业服务合同中对于收取停车服务费进行了明确约定，则甲公司有权按照合同约定收取停车服务费；如物业服务合同并无明确约定，甲公司收取停车费需要获得业主的同意方能实施。

找法

《物业管理条例》

第二条 本条例所称物业管理，是指业主通过选聘物业服务企业，由业主和物业服务企业按照物业服务合同约定，对房屋及配套的设施设备和相关场地进行维修、养护、管理，维护物业管理区域内的环境卫生和相关秩序的活动。

举一反三

> 业主需要注意的是，如果业主大会已经表决同意并授权物业公司收取停车服务费，由于业主大会的决定对全体业主具有约束力，持反对意见的业主也必须服从业主大会的决定。如认为业主大会的决定违法，持反对意见的业主可向人民法院提起诉讼，要求撤销业主大会的违法决定。

30 物业公司将小区空地划出车位对外出租，业主应如何维权？

遇事

甲公司系H小区的物业服务企业。甲公司未经业主同意将小区绿地旁的一块空地划出车位，对外出租盈利，且所获得的收益也被甲公司据为己有。业主们对此很有意见，这块空地原本是规划用于建设篮球场的，现在改为停车位，业主们就缺少了运动健身的场所，甲公司实际上已经侵害了业主的权利。业主多次要求甲公司将空地恢复，并将出租车位所得收益返还给业主，但遭到甲公司的拒绝。无奈之下，业主向人民法院提起诉讼，要求甲公司将对外出租车位所获得的收益返还给业主，并停止对外出租车位的侵权行为，将空地恢复原状。那么，遇到物业公司将小区空地划出车位对外出租的情况，业主应如何维权呢？

说法

本案中，业主与物业公司争议的焦点问题是，物业公司利用小区共用部位进行经营并获利，是否侵害了业主的权益，是否有义务向业主返还经营收益。根据我国法律规定，建筑区划内的其他公共场所、公用设施和物业服务用房，属于业主共有。物业公司改变公共建筑和共用设施用途的，应当提请业主大会讨论决定同意后，由业主依法办理有关手续；利用业主共用部位进行经营，也应当征得相关业主、业主大会的同意后，并按照规定办理有关手续，否则物业公司无权擅自将业主共有的公共场所划成停车位并出租获利。

本案中，被甲公司划成车位出租的空地属H小区全体业主共有。甲公司将原本规划作为篮球场的场地用作停车位并对外出租获利，应当提请业主大会讨论，业主大会同意后还需办理相关手续。另外，利用业主共用部位经营所获的收益，也应归全体业主所有，甲公司无权据为己有。如甲公司不同意整改，业主可通过向县级以上地方人民政府房地产行政主管部门投诉举报或向法院提起民事诉讼的方式来维护自身的权益。

找法

《中华人民共和国民法典》

第二百七十四条　建筑区划内的道路，属于业主共有，但是属于城镇公共道路的除外。建筑区划内的绿地，属于业主共有，但是属于城镇公共绿地或者明示属于个人的除外。建筑区划内的其他公共场所、公用设施和物业服务用房，属于业主共有。

《物业管理条例》

第四十九条　物业管理区域内按照规划建设的公共建筑和共用设施，不得改变用途。

业主依法确需改变公共建筑和共用设施用途的，应当在依法办理有关手续后告知物业服务企业；物业服务企业确需改变公共建筑和共用设施用途的，应当提请业主大会讨论决定同意后，由业主依法办理有关手续。

第五十四条　利用物业共用部位、共用设施设备进行经营的，应当在征得相关业主、业主大会、物业服务企业的同意后，按照规定办理有关手续。业主所得收益应当主要用于补充专项维修资金，也可以按照业主大会的决定使用。

举一反三

生活中，某些业主也会作出未经业主大会表决同意，侵占业主共用部位、共用设施的行为，遇到这样的情况，其他业主应如何处理呢？这样的行为是对其他业主权利的侵害，是法律法规所禁止的行为。受侵害的其他业主及业主委员会均有权利要求其整改并将业主共用部位、共用设施恢复原状。拒不改正的，受侵害者可以通过提起诉讼的方式解决。如侵权行为已经危及了小区的整体安全，业主或业主委员会还可以将有关情况汇报给相关主管机构和部门，请求其依法处理。

一、业主篇

31 业主出售房屋后，还能无偿使用小区的地面停车位吗？

遇事

小赵原为W小区业主，甲公司为W小区的物业服务企业。半年前，小赵将其位于W小区的房屋出售给黄先生，在与W小区邻近的S小区购买了一套住房。

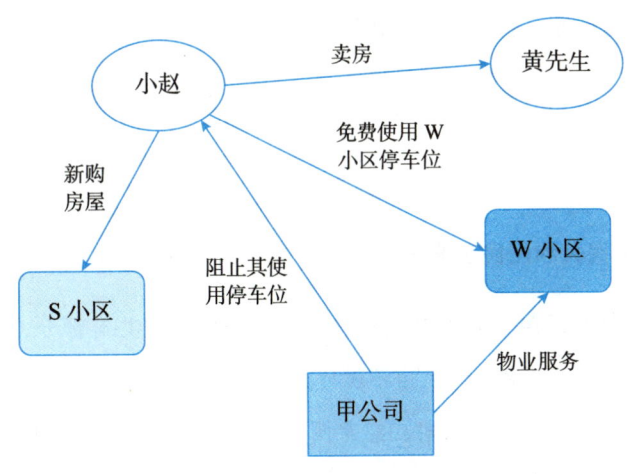

```
小赵 ——卖房——> 黄先生
小赵 ——新购房屋——> S小区
小赵 <——免费使用W小区停车位—— W小区
甲公司 ——阻止其使用停车位——> 小赵
甲公司 ——物业服务——> W小区
```

由于W小区的地上停车位免费供业主使用，而S小区的停车位需业主每月交纳1000多元的使用费，小赵为了节省，便继续将车停在W小区的地上停车位上。后来，甲公司发现了小赵的停车问题，便阻止小赵继续在W小区免费停车位上停车，小赵因此与甲公司发生争执。那么，业主在出售房屋后，是否还有权无偿使用小区的地面停车位呢？

说法

根据我国现行法律规定，占用业主共有的道路或者其他场地用于停放汽

079

车的车位，属于业主共有。业主转让建筑物内的住宅、经营性用房，其对共有部分享有的共有和共同管理的权利一并转让。建筑区划内，规划用于停放汽车的车位、车库应当首先满足业主的需要。当业主将房屋出售，便意味着将对小区共有和共同管理的权利一并转让给了房屋受让方，也就是新业主，原业主不再享有基于业主身份而产生的包括在小区停车位上免费停车等权利。

本案中，小赵已经将位于W小区的房屋出售给新业主，即小赵将对W小区共有和共同管理的权利一并转让给了新业主，小赵不再享有在W小区公共停车位上免费停车的权利。甲公司阻拦小赵在W小区停车的做法是正确的，是物业公司履行停车管理职责的体现。

找法

《中华人民共和国民法典》

第二百七十三条 业主对建筑物专有部分以外的共有部分，享有权利，承担义务；不得以放弃权利为由不履行义务。

业主转让建筑物内的住宅、经营性用房，其对共有部分享有的共有和共同管理的权利一并转让。

第二百七十五条 建筑区划内，规划用于停放汽车的车位、车库的归属，由当事人通过出售、附赠或者出租等方式约定。

占用业主共有的道路或者其他场地用于停放汽车的车位，属于业主共有。

第二百七十六条 建筑区划内，规划用于停放汽车的车位、车库应当首先满足业主的需要。

举一反三

非小区业主是否可以付费将车辆停放在小区停车位上呢？根据我国法律规定，建筑区划内，规划用于停放汽车的车位、车库应当首先满足业主的需要。也就是说，非业主是否可以付费将车辆停放在小区内，要看小区内的停车位是否满足了业主的需要，业主是否同意将富余的停车位有偿对外开放。如小区内的停车位尚且无法满足业主的需求，或业主不同意对外有偿开放停车位，则非小区业主是不能将车辆有偿停放在小区内的。

32 法拍房的物业欠费应由谁负担？

遇事

张先生为Z小区业主，甲公司为Z小区的物业服务企业。张先生位于Z小区的一套房屋因其他债务纠纷，在执行过程中被法院在淘宝网上公开拍卖。该房屋被陈先生竞价购得。法院作出执行裁定书，确定陈先生取得该房屋的所有权。在陈先生办理房屋过户手续并入住Z小区后，甲公司告知陈先生，原业主张先生拖欠物业费共计23818元，要求陈先生支付，但陈先生认为张先生的欠费与自己无关，不同意支付。双方产生争议。那么，法拍房的物业欠费究竟应该由原业主负担还是由新业主负担呢？

说法

通过司法拍卖方式取得房屋所有权所涉及房屋物业费欠费的承担问题，我国现行法律未作明确的规定，因此在司法实务中各地法院也未形成一致观点。在遇到具体案例时，应从以下两方面入手来考虑：一是原业主应对房屋产权变更之前产生的物业费承担支付义务，因为这部分物业费是基于物业公司与原业主的物业服务合同关系而产生的，原业主交纳物业费的义务不因房屋产权变更而免除。二是在特殊情况下，物业公司也可以向新业主主张原业主欠缴的物业费，一般是指物业公司无关于原业主欠付物业费的判决文书或调解书且拍卖公告或拍卖须知中均已明确提示可能产生的物业费用由新业主承担的情况。

本案中，甲公司要求陈先生承担张先生作为业主期间所欠缴的物业费，如果在房屋产权变更前甲公司与张先生就拖欠的物业费并无判决文书或调解书，且陈先生竞买时的拍卖公告或拍卖须知中已明确了由买受人承担可能产生的物业费，则甲公司的诉求是有可能得到法律支持的，否则，甲公司仍应向原业主张先生催缴其本人作为业主期间欠缴的物业费，无权要求新业主陈先生负担。

找法

《中华人民共和国民法典》

第九百三十七条 物业服务合同是物业服务人在物业服务区域内，为业主提供建筑物及其附属设施的维修养护、环境卫生和相关秩序的管理维护等物业服务，业主支付物业费的合同。

物业服务人包括物业服务企业和其他管理人。

举一反三

在生活实践中，部分法拍房存在长期拖欠各种费用的情况，积累下来的欠费金额会给新业主造成巨大的经济负担。在此建议法拍房的竞买者，在参与竞拍前，应仔细阅读拍卖公告、拍卖须知，知悉其中对于原业主各种欠费的处理方式。对于物业费欠费的具体数额，应亲自前往物业公司进行查询，并将此作为确定是否参与竞拍的重要考量因素。

33 业主未按时交纳物业费，物业公司有权停水停电吗？

遇事

甲公司系明天小区的物业服务企业，该小区部分业主因对甲公司提供的物业服务不满意，已有3年多未交纳物业费。甲公司通过口头催收、电话催收、张贴催缴单等方式催收物业费，但仍然有部分业主坚持不交。于是甲公司从欠费的业主中选取了十户欠费时间最长的，拆除了他们的水表，导致这十户家庭断水，无法正常生活。这十户家庭与甲公司沟通，甲公司表示，不交纳物业费就不给恢复用水。无奈，这十名业主分别向人民法院提起民事诉讼，要求甲公司恢复用水，并赔偿断水期间给业主造成的损失。业主的诉求得到了法院的支持。那么，业主未按时交纳物业费，物业公司有权停水停电吗？

说法

《中华人民共和国民法典》明确规定，物业服务人不得采取停止供电、供水、供热、供燃气等方式催交物业费。从法律关系上来讲，物业服务合同与供水、供电、供燃气等合同是分别独立的合同，因此，享有停水停电停气权利的是供水人、供电人、供气人，而不是物业服务人。物业公司无权以停电、停水、断燃气等违法方式要挟、逼迫业主交纳物业费。此外，虽然交纳物业费是业主的义务，但水、电、燃气等是居民基本生活所需，断水、断电、断燃气会侵犯业主的基本生存权益。因此，不管物业合同中是否有约定，物业公司都不得采取影响居民基本生活的措施催收物业费。如果物业公司滥用停水、停电、停燃气等措施造成业主损害，则应当承担侵权损害赔偿责任。

一、业主篇

本案中，无论业主拒交物业费是否合法，甲公司都无权采取断水的方式催收物业费，甲公司拆除水表的行为已经侵害了业主的基本权利，不仅应立即停止侵权行为，给业主恢复用水，还应赔偿业主因断水而遭受的损失。业主的诉讼请求符合法律规定，应该得到法律的支持。

找法

《中华人民共和国民法典》

第九百四十四条 业主应当按照约定向物业服务人支付物业费。物业服务人已经按照约定和有关规定提供服务的，业主不得以未接受或者无需接受相关物业服务为由拒绝支付物业费。

业主违反约定逾期不支付物业费的，物业服务人可以催告其在合理期限内支付；合理期限届满仍不支付的，物业服务人可以提起诉讼或者申请仲裁。

物业服务人不得采取停止供电、供水、供热、供燃气等方式催交物业费。

举一反三

业主遇到物业公司采取停止供电、供水、供热、供燃气等违法方式催交物业费的情况，应及时与物业公司进行沟通、交涉，指出其行为的违法性。如物业公司拒绝整改，业主可向相关行政机关投诉举报，同时也可向人民法院提起诉讼，要求物业公司停止侵权并赔偿违法行为所造成的损失。

34. 业主不交物业费，物业公司可以降低服务标准吗？

遇事

甲公司系F小区的物业服务企业。F小区的业主对甲公司提供的物业服务不满意，久而久之，F小区一半以上的业主开始拒绝交纳物业费。物业费收缴率低造成甲公司在F小区物业管理上入不敷出，资金压力持续增大，于是，甲公司决定降低F小区的物业服务标准以压缩成本。业主们逐渐发现，小区的垃圾清扫不及时，保安也越来越少，路面的破损长期得不到维修，导致业主们更不愿意向甲公司交纳物业费。无奈之下，甲公司将欠费业主起诉至法院，庭审中，业主纷纷抗辩称甲公司提供的物业服务质量达不到物业服务合同约定的标准，小区脏乱差，法官也亲自前往F小区现场查勘，发现小区环境确实很差，完全达不到物业服务合同约定的服务标准，于是法院判决小区业主按照80%的比例向甲公司支付物业费。那么，业主不交物业费的情况下，物业公司可以降低服务标准吗？

说法

物业服务合同是物业服务人在物业服务区域内，为业主提供建筑物及其附属设施的维修养护、环境卫生和相关秩序的管理维护等物业服务，业主支付物业费的合同。物业服务企业应该按照物业服务合同约定的标准提供物业服务，在此基础上，业主应当按照约定向物业服务人支付物业费。如业主不按约定交纳物业费，物业公司也不应擅自降低物业服务标准，这属于违反物业服务合同的违约行为，物业公司可以催告业主在合理期限内支付物业费，合理期限届满仍不支付的，物业公司可以提起诉讼或者申请仲裁。

　　本案中，业主不交纳物业费是由于对甲公司提供的物业服务不满意，甲公司应认真听取业主们的意见和建议，及时整改问题，提高服务水平，获得业主对物业服务的认可，争取提高物业费收缴率。对于拒不交纳物业费的业主，甲公司应及时催告，催告无效的，应及时提起诉讼。甲公司擅自降低物业服务标准，已违反了物业服务合同的约定，因此，法院在对F小区现场查勘后，确认了甲公司提供物业服务不符合约定的事实，并根据查明的事实酌情判定业主按照80%的比例支付物业费是正确的。

找法

《中华人民共和国民法典》

　　第九百三十七条　物业服务合同是物业服务人在物业服务区域内，为业主提供建筑物及其附属设施的维修养护、环境卫生和相关秩序的管理维护等物业服务，业主支付物业费的合同。

　　物业服务人包括物业服务企业和其他管理人。

　　第九百四十四条　业主应当按照约定向物业服务人支付物业费。物业服务人已经按照约定和有关规定提供服务的，业主不得以未接受或者无需接受相关物业服务为由拒绝支付物业费。

　　业主违反约定逾期不支付物业费的，物业服务人可以催告其在合理期限内支付；合理期限届满仍不支付的，物业服务人可以提起诉讼或者申请仲裁。

　　物业服务人不得采取停止供电、供水、供热、供燃气等方式催交物业费。

举一反三

业主是小区的主人，选聘优质的物业公司为小区提供物业服务，使物业实现增值，是符合业主根本利益的，业主有权监督物业公司的服务水平并向物业公司提出意见建议。物业公司应该听取业主的意见建议并不断提高自己的服务水平，这样才能获得业主的认可并顺利收取物业费。双方因服务质量发生争议的，应注意保留证据，可通过照片、视频等方式记录物业服务的日常及小区的基本环境，必要时可申请法官前往小区进行现场查勘。

35 业主有权要求物业公司归还共用部位、共用设施设备的经营性收益吗？

遇事

甲公司系A小区的前期物业服务企业，在提供物业服务的过程中，一直将小区空地、楼梯间及电梯内等共用区域、共用设施用于广告经营，并获取了广告经营收入。但甲公司从未向小区业主公示过广告经营收入的情况，而广告收入也一直被甲公司占有。2021年年底，A小区召开业主大会，成立了业主委员会并进行了备案。在业主的强烈提议下，业主委员会多次要求甲公司返还为A小区提供物业服务期间所获得的广告经营收入，但被甲公司拒绝。后业主委员会向人民法院提起了民事诉讼。那么，业主是否有权要求物业公司归还共用部位、共用设施设备的经营性收益呢？

说法

我国现行法律明确规定，小区内的公共场所、公用设施归全体业主共有。利用物业共用部位、共用设施设备进行经营的，应当经业主大会表决同意，并办理相关手续。业主大会应当由专有部分面积占比三分之二以上的业主且人数占比三分之二以上的业主参与表决，应当经参与表决专有部分面积四分之三以上的业主且参与表决人数四分之三以上的业主同意。所获得的收入在扣除合理成本之后，属于业主共有，应当主要用于补充专项维修资金，也可以按照业主大会的决定使用。

本案中，甲公司未经业主同意，利用小区共用部位、共用设施设备进行广告经营，所获得的经营性收入应属全体业主共有，甲公司无权将收入据为己有，应向业主委员会返还。业主委员会的诉讼请求符合法律规定，应得到法律支持。

找法

《中华人民共和国民法典》

第二百七十四条 建筑区划内的道路，属于业主共有，但是属于城镇公共道路的除外。建筑区划内的绿地，属于业主共有，但是属于城镇公共绿地或者明示属于个人的除外。建筑区划内的其他公共场所、公用设施和物业服务用房，属于业主共有。

第二百七十八条 下列事项由业主共同决定：

……

（八）改变共有部分的用途或者利用共有部分从事经营活动；

……

业主共同决定事项，应当由专有部分面积占比三分之二以上的业主且人数占比三分之二以上的业主参与表决。决定前款第六项至第八项规定的事项，应当经参与表决专有部分面积四分之三以上的业主且参与表决人数四分之三以上的业主同意。决定前款其他事项，应当经参与表决专有部分面积过半数的业主且参与表决人数过半数的业主同意。

第二百八十二条 建设单位、物业服务企业或者其他管理人等利用业主的共有部分产生的收入，在扣除合理成本之后，属于业主共有。

举一反三

生活中，物业公司利用小区公共区域、共用设施进行营利的形式多种多样，除案例中所述的广告收益，还包括小区公共区域的停车费收益，小区公共区域内出租的摊位收益，利用小区公共配套设施如球场、游泳池、活动室等的经营收入，甚至包括自动售卖机的场地费、快递柜入场费等。以上经营性收入，在物业公司扣除合理成本后，均应归业主共有。

36 物业公司擅自占用小区共用部位，业主应如何维权？

遇事

前进公司系W小区的物业服务企业。近期小区部分业主发现，前进公司正在小区3号楼对面的空地上搭建简易房。业主们认为，小区空地应属于业主的共用区域，物业公司无权占用，便派出代表与前进公司交涉，要求前进公司拆除搭建物，将空地恢复原状，但前进公司拒绝拆除，继续施工。在沟通无果之后，业主代表向人民法院提起诉讼，要求前进公司拆除简易房，将占用的小区空地恢复原状。业主的诉求得到了法院的支持。那么，物业公司是否可以擅自决定占用小区共用部位呢？遇到物业公司擅自占用小区共用部位的情况，业主又应该如何处理呢？

说法

我国现行法律明确规定，小区内的公共场所、公用设施归全体业主共有。改变共有部分用途的，应当经业主大会表决同意，并办理相关手续。业主大会应当由专有部分面积占比三分之二以上的业主且人数占比三分之二以上的业主参与表决，应当经参与表决专有部分面积四分之三以上的业主且参与表决人数四分之三以上的业主同意。

本案中，前进公司未经业主同意，无权占用小区的共用场所搭建简易房。前进公司的行为侵害了业主的权利，应将违法搭建物拆除，并将小区空地恢复原状。业主在与前进公司交涉未果的情况下，既可以向有关主管行政部门反映情况，要求相关部门处理，也可以向人民法院提起民事诉讼，要求前进公司排除妨害、恢复原状，如给业主造成损失的，业主还可以要求前进公司负责赔偿。

找法

《中华人民共和国民法典》

第二百七十四条 建筑区划内的道路，属于业主共有，但是属于城镇公共道路的除外。建筑区划内的绿地，属于业主共有，但是属于城镇公共绿地或者明示属于个人的除外。建筑区划内的其他公共场所、公用设施和物业服务用房，属于业主共有。

第二百七十八条 下列事项由业主共同决定：

……

（八）改变共有部分的用途或者利用共有部分从事经营活动；

……

业主共同决定事项，应当由专有部分面积占比三分之二以上的业主且人数占比三分之二以上的业主参与表决。决定前款第六项至第八项规定的事项，应当经参与表决专有部分面积四分之三以上的业主且参与表决人数四分之三以上的业主同意。决定前款其他事项，应当经参与表决专有部分面积过半数的业主且参与表决人数过半数的业主同意。

举一反三

在实际生活中，如果业主遇到物业公司未经允许擅自占用小区共用部位、共用设施的情况，一定要注意保留证据，可用拍照、录像等方式详细记录物业公司违法行为的时间及进度，以便在日后向相关主管行政部门反映情况或向人民法院提起诉讼时能够提供充分的证据材料作为支撑。

37 部分业主擅自占用小区的共用部位，其他业主应如何维权？

遇事

小王是F小区5号楼2单元一楼的业主，客厅窗外便是一小片小区公共绿地。小王喜欢种植蔬菜，于是把其客厅窗外的公共绿地围起了一块，将绿地上的草皮清除，并种上了各种蔬菜。邻居发现了，认为小王私自侵占了小区公共绿地，是侵犯了其他业主的权益，便将此事告知了F小区的物业服务企业甲公司。甲公司立即前往查看，查经属实后立即发出整改通知，要求小王恢复公共绿地，但小王不予理睬。于是有业主将小王起诉至人民法院，要求小王停止侵占小区公共绿地，将绿地恢复原状。法院判决支持了业主的诉讼请求。那么，业主是否可以擅自占用小区共用部位，对于这样的行为，其他业主是否有权利对其提起诉讼呢？

说法

我国现行法律明确规定，小区内的公共场所、公用设施归全体业主共有。任何业主不能私自占用公共区域，如果占用了公共区域就是侵犯了其他业主的权益，是违法行为。小区绿地属于小区公共区域，归全体业主所有，小王未经其他业主同意，私自占用公共绿地、破坏草坪，已经侵害了其他业主的合法权益。其他业主在直接与小王沟通无果的情况下，应向物业公司反映相关情况，物业公司有义务进行处理，通过直接交涉、发送整改通知等方式要求小王进行整改。另外，业主或物业公司也可以向业主委员会及街道、居民委员会等属地相关部门反映，请求给予协助。如果以上情况均没有效果，业主有权通过提起民事诉讼的方式要求小王将公共绿地恢复原状并赔偿所造成的损失。

找法

《中华人民共和国民法典》

第二百七十四条　建筑区划内的道路，属于业主共有，但是属于城镇公共道路的除外。建筑区划内的绿地，属于业主共有，但是属于城镇公共绿地或者明示属于个人的除外。建筑区划内的其他公共场所、公用设施和物业服务用房，属于业主共有。

《物业管理条例》

第五十条　业主、物业服务企业不得擅自占用、挖掘物业管理区域内的道路、场地，损害业主的共同利益。

因维修物业或者公共利益，业主确需临时占用、挖掘道路、场地的，应当征得业主委员会和物业服务企业的同意；物业服务企业确需临时占用、挖掘道路、场地的，应当征得业主委员会的同意。

业主、物业服务企业应当将临时占用、挖掘的道路、场地，在约定期限内恢复原状。

举一反三

生活中最常见的业主侵占公共区域的情形就是业主在自家门前堆放鞋子、儿童车、淘汰的小家具、垃圾或其他杂物的行为。这样的行为貌似无关紧要，但由于其侵占了共用部位，其实是侵犯了其他业主的权利。不仅如此，这样的行为还会造成很大的安全隐患，尤其是消防隐患。在门口堆放杂物的行为是违法的行为，建议广大业主，如有此类情况应立即整改。

一、业主篇

38 业主车辆在小区停放期间丢失或受损，物业公司有责任吗？

遇事

扫一扫，听案情

说法

判断物业公司是否应承担责任，需要按照以下几个层次具体分析：

一是要看物业公司是不是侵权人，如果物业公司是侵权人，则负有赔偿业主损失的责任；如果物业公司并非侵权人，则物业公司与业主之间就不存在侵权关系，二者仅存在合同关系。

二是要看物业公司与业主之间是否建立了保管合同关系，保管合同是保管人保管寄存人交付的保管物，并返还该物的合同，如物业公司与业主明确约定存在车辆保管与被保管关系，则根据法律规定，保管期内，因保管人保管不善造成保管物毁损、灭失的，保管人应当承担赔偿责任，除非无偿保管人证明自己没有故意或者重大过失的，不承担赔偿责任。

三是如果物业公司与业主之间并未成立保管合同关系，则应根据法律规定及物业合同的约定来判定物业公司的责任，即物业公司是否依照法律的规定和物业合同的约定履行了相关的义务，对车辆的管理是否尽到了法定及约定的义务。如果物业公司全面履行了相关义务，没有失职行为，就不应当承担赔偿责任；如果物业公司没有履行相应的义务，则应根据过错程度以及收取业主停车管理费用的多少，赔偿业主的一部分损失。

本案中，甲公司并非损坏周先生车辆的直接侵权人，其与周先生也未成立保管合同关系，因此应根据法律规定及物业服务合同的相关内容来判断甲公司是否应该承担责任。甲公司应通过调取监控录像等方式查明周先生车辆受损的原因，如与甲公司未认真履行法定及合同约定的管理义务相关，则甲公司应赔偿周先生的部分损失；如甲公司已经严格履行了车辆管理义务，对于周先生车辆受损没有过错，则甲公司无需向周先生进行赔偿，周先生应向侵权人主张赔偿损失。

找法

《中华人民共和国民法典》

第八百八十八条第一款 保管合同是保管人保管寄存人交付的保管物，

并返还该物的合同。

第八百九十七条 保管期内，因保管人保管不善造成保管物毁损、灭失的，保管人应当承担赔偿责任。但是，无偿保管人证明自己没有故意或者重大过失的，不承担赔偿责任。

第九百四十二条 物业服务人应当按照约定和物业的使用性质，妥善维修、养护、清洁、绿化和经营管理物业服务区域内的业主共有部分，维护物业服务区域内的基本秩序，采取合理措施保护业主的人身、财产安全。

对物业服务区域内违反有关治安、环保、消防等法律法规的行为，物业服务人应当及时采取合理措施制止、向有关行政主管部门报告并协助处理。

《物业管理条例》

第三十五条 物业服务企业应当按照物业服务合同的约定，提供相应的服务。

物业服务企业未能履行物业服务合同的约定，导致业主人身、财产安全受到损害的，应当依法承担相应的法律责任。

举一反三

业主向物业公司交纳了停车管理费，是不是就与物业公司之间成立了保管合同关系呢？实际生活中，业主虽交纳了停车管理费，但在小区内自行泊车的行为通常情况下不认定为成立保管合同，除非双方在合同中有明确的约定。司法实践中通常认为，业主交纳的停车管理费是物业公司对小区公共停车位进行管理的定额收费，而非保管合同的费用。因此，车主与物业公司之间形成的不是保管合同关系，而是车主将其所有的车辆交给物业公司管理的物业管理合同或车辆停放管理合同关系。

39 业主家中失窃，财物丢失，物业公司要承担责任吗？

遇事

孙先生系K小区的业主，甲公司系K小区的物业服务企业。孙先生与甲公司签订的物业服务合同中明确约定了甲公司提供安保服务的质量标准。一天夜里，孙先生家被盗，失窃现金5万余元及笔记本电脑2台、品牌手表1块，总价值约10万元。经公安机关侦破案件，抓获了盗窃嫌疑人，并经刑事案件退赔返还部分被盗物品价款损失共计7万元。但孙先生认为自己家失窃是由于物业公司安保不到位造成的，因此要求甲公司对其进行赔偿。甲公司认为自己已经尽到了安保义务，因此不应承担赔偿责任。双方产生争议。那么，业主家中失窃，财物丢失，物业公司要承担责任吗？

说法

盗窃行为属于治安或刑事案件，盗窃分子是直接侵害人，业主的损失应在公安机关破案后由行为人负责赔偿。而物业公司与业主之间是平等的物业服务合同关系，物业公司是否承担责任应根据法律规定及物业服务合同的约定来确定。如物业公司存在未能履行法律规定及物业服务合同所约定义务的情况，且物业公司的违约行为与业主遭受的财产损失存在因果关系，则物业公司应承担部分责任。但物业公司的损害赔偿责任仅在业主损失无法通过直接侵权人赔偿弥补时才发生。物业公司的责任范围，需要考虑物业公司履行义务的不当程度，对损害后果发生的原因力等因素综合确定。

本案中，盗窃行为人仅赔偿了孙先生部分损失，孙先生仍有3万元的损失未能获赔。如果根据调查结果，甲公司确实未尽到谨慎看护和善良管理人的注意义务，存在未履行义务或履行义务不到位的情况，且甲公司的履行瑕疵与孙先生家遭遇盗窃有因果关系，甲公司则应部分或全部赔偿孙先生未获赔的损失。如甲公司不存在履行义务不到位的情况，则无需对孙先生承担赔偿责任。

找法

《中华人民共和国民法典》

第九百四十二条 物业服务人应当按照约定和物业的使用性质，妥善维修、养护、清洁、绿化和经营管理物业服务区域内的业主共有部分，维护物业服务区域内的基本秩序，采取合理措施保护业主的人身、财产安全。

对物业服务区域内违反有关治安、环保、消防等法律法规的行为，物业服务人应当及时采取合理措施制止、向有关行政主管部门报告并协助处理。

《物业管理条例》

第三十五条 物业服务企业应当按照物业服务合同的约定，提供相应的服务。

物业服务企业未能履行物业服务合同的约定，导致业主人身、财产安全受到损害的，应当依法承担相应的法律责任。

举一反三

在实际生活中，小区监控录像有时可以作为违法、违规事件的证据，另外对刑事案件侦破能够起到一定作用。如果物业公司未按照物业服务合同的约定，对监控设备进行合理的维保，确保监控设备运行正常、监控系统画面清晰，因监控设备损坏或监控系统画面模糊，造成无法提供合适的证据，业主也可以要求物业公司承担一定责任。

40 业主在小区内受到人身伤害，物业公司要承担责任吗？

遇事

W小区由甲公司提供物业服务。该小区3号楼与4号楼之间的路灯两个月前就坏了，无法正常照明，但甲公司一直未维修更换路灯。一天晚上，该小区4号楼业主张大爷回家路过3号楼通往4号楼的区域时，因路灯不亮，看不清路，被小区道路上破损的地砖绊倒摔伤。张大爷认为，甲公司未尽到物业管理义务，不及时维修路灯和地砖才导致自己摔伤，要求甲公司对其进行赔偿。甲公司认为，张大爷摔伤是由于自己走路不慎，物业公司没有任何责任。双方争执不下。后张大爷向人民法院提起诉讼，要求甲公司赔偿自己的人身伤害损失共计1万余元。那么，当业主在小区内受到人身伤害时，物业公司要承担责任吗？

说法

根据我国现行法律法规的规定，物业管理企业应当按照物业服务合同的约定，提供相应的服务。物业管理企业未能履行物业服务合同的约定，导致业主人身、财产安全受到损害的，应当依法承担相应的法律责任。W小区的路灯损坏，长期无法正常照明，小区地面地砖破损产生安全隐患，但甲公司怠于履行自己对共用道路、共用设施的维护义务，对破损的地面也没有任何围挡遮护，导致张大爷绊倒摔伤，甲公司应承担一定责任。但张大爷作为具有完全民事行为能力的成年人，在行走时未尽到安全注意义务，也是导致摔伤的重要原因，其自身也应承担一部分责任。因此，物业公司应根据自身过错，向张大爷承担一定比例的责任，法院应支持张大爷的部分诉讼请求。

一、业主篇

🔍 找法

《中华人民共和国民法典》

第九百四十二条　物业服务人应当按照约定和物业的使用性质，妥善维修、养护、清洁、绿化和经营管理物业服务区域内的业主共有部分，维护物业服务区域内的基本秩序，采取合理措施保护业主的人身、财产安全。

对物业服务区域内违反有关治安、环保、消防等法律法规的行为，物业服务人应当及时采取合理措施制止、向有关行政主管部门报告并协助处理。

《物业管理条例》

第三十五条　物业服务企业应当按照物业服务合同的约定，提供相应的服务。

物业服务企业未能履行物业服务合同的约定，导致业主人身、财产安全受到损害的，应当依法承担相应的法律责任。

举一反三

如业主在小区内受到了来自第三人的人身侵害，是否可以要求物业公司承担部分责任呢？在这种情况下，对业主造成人身侵害的第三人为直接侵权人，业主的损失主要应由侵权人负责赔偿。但如物业公司存在过失且该过失与业主遭受的人身侵害存在因果关系，则物业公司也应承担一定责任。

遇事找法 物业纠纷一站式法律指引

> **41** 非业主在小区内遭受人身伤害，物业公司要承担责任吗？

遇事

小孙是S小区的业主。一天，小孙的朋友小陈夫妇来小孙家做客。这时正值冬天雪后，小区内的积雪没有及时清除，小陈夫妇走进小孙家所在的3号楼后，3号楼大堂地面铺设了大理石地砖，由于行人不断往来行走，大理石地面上沾了雪，变得格外光滑，小陈一不小心摔倒受伤。随后小孙带小陈找到S小区的物业服务企业甲公司，认为甲公司没有及时清除积雪是造成小陈受伤的原因，要求甲公司赔偿小陈遭受的损失。但是甲公司却认为，小陈并非本小区业主，也没有对小区设施维护或者物业服务交纳过任何的管理费用，摔伤是由于自己不小心，物业公司对小陈没有赔偿的义务。双方争执不下，小陈起诉甲公司至人民法院，要求甲公司赔偿医疗费、误工费、交通费等损失共计7000余元。那么，非业主在小区内遭受人身伤害，物业公司要承担责任吗？

说法

根据我国现行法律的规定，宾馆、商场、银行、车站、机场、体育场馆、娱乐场所等经营场所、公共场所的经营者、管理者或者群众性活动的组织者，未尽到安全保障义务，造成他人损害的，应当承担侵权责任。安全保障义务是指宾馆、商场、银行、车站、娱乐场所等公共场所的管理人或者群众性活动的组织者所负有的在合理限度范围内保护他人人身和财产安全的义务。也就是说，安全保障义务通常是在当事人之间并没有合同约定的情形下而产生的一种要求一方为了另一方的人身安全和财产安全而积极作为的义务，因违反安全保障义务而产生的责任是不作为责任。物业公司作为小区的管理方，负有对房屋及配套的设施设备和相关场地进行管理、维修、养护的义务，应当对物业共用部位、公共设施设备进行定期查验。

本案中，甲公司在雪后未及时清扫小区积雪，楼栋内大理石地面湿滑，未设立任何警示标志，也未采取任何防滑措施，是导致小陈摔伤的原因之一，小陈作为具有完全民事行为能力的成年人，在雪后行走过程中未尽到安全注意义务，也负有一定责任。因此，法院应根据甲公司未尽到职责范围内的义务的程度，判决其承担与其过错相当的赔偿责任。

找法

《中华人民共和国民法典》

第一千一百九十八条 宾馆、商场、银行、车站、机场、体育场馆、娱乐场所等经营场所、公共场所的经营者、管理者或者群众性活动的组织者，未尽到安全保障义务，造成他人损害的，应当承担侵权责任。

因第三人的行为造成他人损害的，由第三人承担侵权责任；经营者、管理者或者组织者未尽到安全保障义务的，承担相应的补充责任。经营者、管理者或者组织者承担补充责任后，可以向第三人追偿。

举一反三

安全保障义务设定的主要目的是促使安全保障义务人加强商品、服务等领域的安全保障管理，以更加人性化的服务体现对人的关照和尊重，也有利于合理分配损害责任，补偿受害人的损失。那么应如何界定经营者、管理者或组织者是否尽到了合理限度范围内的安全保障义务呢？需根据实际情况予以相应区分。日常生活中，可以看经营者、管理者或组织者是否按照足以避免危险发生、减少事故损害后果的谨慎注意来履行义务；是否充分保证已作出真实的说明和明确的警示，以达到防止危害发生的最终目的；是否具备应急措施与事后救护手段的防范设施，使可能发生的意外事件造成的损失降至最低限度。如果具备了上述情况，则应当认定经营者、管理者或组织者已经尽到了合理的安全保障义务。

一、业主篇

㊷ 楼下业主因楼上漏水造成财产损失，应向谁主张赔偿？

遇事

扫一扫，听案情

> 我家房顶漏水了，你们快联系楼上的李女士回来处理！

> 李女士,你忘记关水龙头,导致我家墙面、家具都被泡坏了,你得赔我呀！

> 我是不会赔你的，你死心吧。

> 你家漏水也不是物业公司造成的，我们不能赔偿你。

> 李女士不肯赔偿我，物业公司得赔我！

> 我要求物业公司和李女士对我的损失共同承担赔偿责任。

原告

105

说法

漏水问题的责任划分，与漏水原因息息相关。如果是因楼上业主过失导致的漏水，则楼上业主的过错已经构成对楼下业主财产权利的侵犯，楼上业主应当承担侵权赔偿责任。如果是因房屋质量问题导致的漏水，则涉及业主与开发商之间基于房屋买卖合同而产生的合同法律关系，开发商向业主交付的房屋不符合质量要求，存在质量瑕疵或者缺陷导致漏水给业主造成损失，业主可以依据房屋买卖合同要求开发商承担违约赔偿责任。如果因为物业公司履行物业服务合同有瑕疵，未妥善管理、维修造成公共部分漏水致使业主产生损失的，业主可以依据物业服务合同要求物业公司承担违约责任。

本案中，张先生家漏水完全是由于楼上业主的过失造成的，甲公司不存在任何过错，还为张先生清理现场、与楼上业主沟通赔偿等事宜提供了协助，因此张先生的损失应向楼上业主主张，甲公司不应承担任何责任。

找法

《中华人民共和国民法典》

第二百九十六条 不动产权利人因用水、排水、通行、铺设管线等利用相邻不动产的，应当尽量避免对相邻的不动产权利人造成损害。

第一千一百六十五条第一款 行为人因过错侵害他人民事权益造成损害的，应当承担侵权责任。

举一反三

日常生活中，业主如发现家中漏水，应如何处理呢？首先应当保护现场并固定证据，通过拍照、录像等方式清晰记录漏水的状况及给房屋造成的损坏状态；其次还应当及时通知物业公司、楼上业主，共同确定漏水原因并通过书面或拍照、录像等方式对漏水原因进行记录。之后与相关责任人协商赔偿事宜，若协商不成，可以向人民法院起诉要求赔偿。

43 物业公司有权对业主的不当行为进行罚款吗？

遇事

陈女士购买了M小区的商品房一套，开发商与前期物业服务企业甲公司签订的《前期物业服务合同》中明确约定业主不得私自封闭阳台。入住后，陈女士出于安全、美观等方面考虑，还是私自把阳台封闭起来。甲公司发现后，要求陈女士立即拆除，将阳台恢复原状，并通知陈女士由于其私自封闭阳台的行为违反了《前期物业服务合同》的约定，给物业管理带来了不便，甲公司决定对其处以3000元的罚款。陈女士认为，即使自己违反了《前期物业服务合同》的约定，物业公司也无权对自己罚款，因此坚决不同意支付。双方产生争议。那么，物业公司有权对业主的不当行为进行罚款吗？

说法

陈女士私自封闭阳台确实是违反了《前期物业服务合同》的违约行为，但物业公司对违约业主进行罚款却是错误的。罚款是行政处罚的种类之一，行政处罚应当由具有行政处罚权的行政机关在法定职权范围内实施。而业主与物业公司之间是平等的物业服务合同关系，物业公司作为经营主体，不是行政机关，不具有行政处罚权，因此没有权利对业主采取罚款措施。业主应纠正自己的违约行为，并按物业服务合同的约定承担相应的违约责任，但不必向物业公司缴纳罚款。综上，甲公司无权要求陈女士缴纳罚款，但陈女士有义务立即拆除阳台封闭部分，将阳台恢复原状。

🔍 找法

《中华人民共和国民法典》

第九百三十七条第一款 物业服务合同是物业服务人在物业服务区域内，为业主提供建筑物及其附属设施的维修养护、环境卫生和相关秩序的管理维护等物业服务，业主支付物业费的合同。

举一反三

针对业主的违约行为或其他不当行为，既然物业公司无权对业主进行罚款，那么物业公司还可以采取哪些方式来处理呢？首先，物业公司应该积极主动与业主进行沟通，向业主讲明行为的不当性及可能产生的不利后果，并要求业主整改。如业主拒绝整改，且业主的行为已经涉嫌违法，物业公司可以向相关行政主管机关反映情况，由行政主管机关按照相关法律规定进行处理，也可以采取提起民事诉讼的方式，要求业主纠正不当行为或承担违约责任。

物业服务企业篇

44 没有物业用房，物业公司应该怎么办？

遇事

房地产开发企业春天公司开发建设了K小区商品住宅，并委托其子公司春风物业公司作为K小区的前期物业服务企业，春风物业公司一直在春天公司配置的物业用房中办公。3年后，K小区成立了业主委员会，业主大会通过投票表决作出终止与春风物业公司的《前期物业服务合同》的决定，并决议另行委托四季物业公司为K小区提供物业服务。当业主委员会与春风物业公司办理终止物业服务合同手续及交接期间，春天公司将K小区的物业用房对外出售，春风物业公司直接将物业用房交付给了房屋买受人。业主委员会发现后立即致函春天公司，要求其提供物业用房，但春天公司称K小区已没有合适的可供物业办公的用房，双方未能达成一致。四季物业公司入驻K小区后，没有物业用房可供使用，影响了四季物业公司正常提供物业服务。四季物业公司正式致函业主委员会，要求其提供物业用房。业主委员会无奈之下将春天公司起诉至人民法院，要求其提供K小区内的物业用房，如不能提供此用房，要求由春天公司支付与物业用房价值相等的款项，再由业主委员会另行购置物业用房。那么，给小区配备物业用房是不是建设单位的法定义务呢？没有合适的物业用房，物业公司应该怎么办呢？

说法

物业用房是物业服务企业为业主提供物业服务的基本物质保障，建设单位具有为物业服务企业提供物业用房的法定义务，物业用房属全体业主共有。建设单位应按照规划中配置的标准提供物业用房；规划中未配置的，按照物业管理区域实际使用状况予以提供。如果建设单位无法提供房屋，则应向业主委员会交纳购买物业服务用房的相应价款，用于解决物业服务用房。

本案中，春天公司在K小区更换物业公司期间，将原本配备的物业用房对外出售，未履行提供物业用房的法定义务。而物业用房是保证四季物业公司为K小区提供物业服务的基本条件，在春天公司拒不履行义务的情况下，应由K小区业主委员会提起要求春天公司提供物业用房的诉讼。四季物业公司与春天公司没有直接的法律关系，因此，由业主委员会作为提起诉讼的主体是适宜的。如春天公司确实无法提供符合要求的物业用房，则应向业主委员会支付与物业用房价值相等的款项，由业主委员会另行购置物业用房。同时，业主委员会还可以向县级以上地方人民政府房地产行政主管部门反映春天公司拒不提供物业用房的情况，由主管部门要求春天公司限期改正，依法对春天公司作出警告、没收违法所得、并处10万元以上50万元以下罚款的行政处罚。

找法

《中华人民共和国民法典》

第二百七十四条　建筑区划内的道路，属于业主共有，但是属于城镇公共道路的除外。建筑区划内的绿地，属于业主共有，但是属于城镇公共绿地或者明示属于个人的除外。建筑区划内的其他公共场所、公用设施和物业服务用房，属于业主共有。

《物业管理条例》

第三十条　建设单位应当按照规定在物业管理区域内配置必要的物业管理用房。

第六十一条　违反本条例的规定，建设单位在物业管理区域内不按照规定配置必要的物业管理用房的，由县级以上地方人民政府房地产行政主管部门责令限期改正，给予警告，没收违法所得，并处10万元以上50万元以下的罚款。

举一反三

应如何确定建设单位配备物业用房的标准和面积呢?目前国家对此并没有作出统一的规定,但是通常情况下,各个地方会在地方性法规、政策中作出具体的配置标准规定。建设单位应当按照当地的配置标准履行配置物业用房的义务,所配置的物业用房应该能够满足物业服务企业为小区提供物业服务的实际需求。

45 物业公司能否将小区的全部物业服务管理委托其他公司负责？

遇事

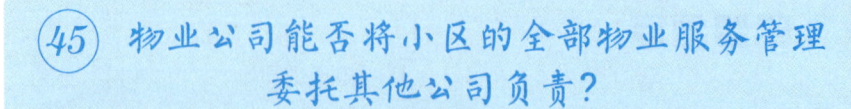

甲公司开发建设了G小区，并通过招投标的方式确定乙物业公司为G小区的前期物业服务企业。当乙物业公司进驻G小区三个月之后，私自与丙物业公司签订了承包经营合同，将物业管理区域内的全部物业服务管理委托给丙物业公司，由丙物业公司以乙物业公司的名义成立G小区物业管理中心，由丙物业公司委派管理中心负责人及全部物业服务人员，丙物业公司独立经营物业管理中心，自负盈亏，自行承担G小区物业管理过程中的债权与债务。但丙物业公司提供的物业服务水平无法达到前期物业服务合同的约定，业主都非常不满意。业主将相关情况反映给当地房地产行政主管部门，主管机关在调查后发现乙物业公司将物业管理区域内的全部物业管理一并委托给丙物业公司的情况。那么，物业公司能否将小区的全部物业服务管理委托其他公司负责呢？

说法

无论是开发商还是业主委员会，既然与某一物业公司签订了物业服务合同，该物业公司就理应成为提供物业服务的主体，这既是合同相对性的体现，也是保障双方利益的要求。我国现行法律明确规定，物业公司不得将物业管理区域内的全部物业管理一并委托给他人。本案中，乙物业公司为了赚取差价，违法将所有的物业管理一并委托给丙物业公司，侵犯了全体业主的合法权益，应由县级以上地方人民政府房地产行政主管部门责令限期改正，处委托合同价款30%以上50%以下的罚款，委托所得收益，用于物业管理区域内物业共用部位、共用设施设备的维修、养护，剩余部分按照业主大会的决定使用；给业主造成损失的，还应依法承担赔偿责任。

找法

《中华人民共和国民法典》

第九百四十一条 物业服务人将物业服务区域内的部分专项服务事项委托给专业性服务组织或者其他第三人的，应当就该部分专项服务事项向业主负责。

物业服务人不得将其应当提供的全部物业服务转委托给第三人，或者将全部物业服务支解后分别转委托给第三人。

《物业管理条例》

第五十九条 违反本条例的规定，物业服务企业将一个物业管理区域内的全部物业管理一并委托给他人的，由县级以上地方人民政府房地产行政主管部门责令限期改正，处委托合同价款30%以上50%以下的罚款。委托所得收益，用于物业管理区域内物业共用部位、共用设施设备的维修、养护，剩余部分按照业主大会的决定使用；给业主造成损失的，依法承担赔偿责任。

举一反三

如果物业服务人将其应当提供的全部物业服务转委托给第三人，并签订了《物业移交协议》或《物业承包经营协议》之类的协议，那么此类协议的效力如何呢？由于《中华人民共和国民法典》中已明确禁止物业服务人将其应当提供的全部物业服务转委托给第三人，物业服务人与第三人之间签订的关于物业服务转委托的协议因违反了法律的禁止性规定而归于无效。

遇事找法 物业纠纷一站式法律指引

46 物业公司可以将专项服务委托给其他公司负责吗？

遇事

甲公司为Y小区的物业服务企业。甲公司将Y小区物业服务中的电梯维护这一专项服务委托给具有相关资质的乙公司负责，甲公司继续提供除电梯维护服务之外的其他物业服务。在甲公司收取物业费时，有些业主拒交物业费，拒交的理由便是甲公司并未提供完全完整的物业服务，而是将物业服务委托他人完成。而甲公司认为其只将物业服务中的一个专项委托给更为专业且具有资质的公司完成，自己则严格按照物业服务合同的约定提供了其他的物业服务，业主应当按时交纳物业费。经多次催收物业费无果后，甲公司将欠费业主起诉至人民法院，要求业主按照物业服务合同的约定支付物业费及违约金。那么，物业公司可以将物业服务中的专项服务委托给其他公司负责吗？

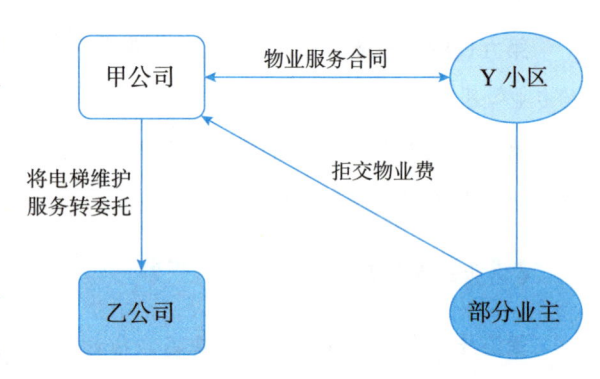

说法

为了给业主提供更专业、更优质的服务，物业公司可以把物业服务区域内的部分专项服务事项委托给其他主体完成，这种委托并不违反法律规定。同时，物业公司应当就转委托的专项服务事项向业主负责，由于其他主体的服务瑕疵导致物业公司违反物业服务合同约定的，应由物业公司向业主承担违约责任。

二、物业服务企业篇

本案中，甲公司将电梯维护这项专业性较强的服务工作委托给乙公司负责，符合法律的相关规定，同时甲公司应对乙公司的服务事项向业主负责。部分业主以甲公司将专项服务委托乙公司负责一事为理由拒交物业费，没有法律依据，是违反物业服务合同的违约行为，不仅应当履行交纳物业费义务，还应该按照物业服务合同的约定向甲公司承担违约责任。

找法

《中华人民共和国民法典》

第九百四十一条 物业服务人将物业服务区域内的部分专项服务事项委托给专业性服务组织或者其他第三人的，应当就该部分专项服务事项向业主负责。

物业服务人不得将其应当提供的全部物业服务转委托给第三人，或者将全部物业服务支解后分别转委托给第三人。

举一反三

既然法律允许物业公司将部分专项服务事项委托给专业性服务组织或者其他第三人，那么物业公司对外委托时又应该注意什么呢？一是要注意选聘具有相应资质的专业性服务公司，这样才能为业主提供有品质的专项服务；二是物业公司要在与专业性服务公司签订的协议中明确专业性服务公司提供服务的质量标准，一般不得低于物业管理服务合同中对相关专业性服务质量和要求的约定；三是物业公司还要注意在与专业性服务公司签订的协议中约定专业性服务公司达不到服务质量和要求时的违约责任。

47 业主私搭乱建，物业公司应如何处理？

遇事

甲公司为W小区的物业服务企业。W小区内有一片别墅区域，为地上三层独栋或联排别墅。很多别墅区域的业主均将房屋和院落进行扩建，侵占了小区公共区域，不仅影响了小区的美观，也使小区原有道路变窄或受阻，影响了其他业主对共有区域的使用。甲公司多次发出整改通知要求扩建的业主将扩建部分拆除，但这些业主不愿意拆除。同时其他业主也对物业公司很有意见，认为物业公司没有尽到责任，对私搭乱建不予管理，有些业主甚至因此不愿意交纳物业费。甲公司无奈之下向有关行政主管部门报告了小区内业主占用共有部分私搭违章建筑的情况，最终在行政机关的介入下，业主们拆除了扩建部分。那么，遇到业主私搭乱建的情况，物业公司应该如何处理呢？

说法

生活中，业主在小区内私建违章建筑的行为是比较常见的。违章建筑是指在城市规划内未取得建设工程规划许可证或者违反建设工程规划许可证的规定进行建设影响城市规划的建筑。业主私建违章建筑，这不仅会侵害其他业主的公共权益，也会给自己和他人带来很多安全隐患，给物业服务企业提供服务造成不便，这样的行为是违法的。根据相关法律规定，对物业服务区域内违反有关治安、环保、消防等法律法规的行为，物业服务人应当及时采取合理措施制止、向有关行政主管部门报告并协助处理。物业公司有义务出面劝阻、制止，要求业主停止搭建并且拆除违法搭建的建筑物。如制止无效，物业公司应当向有关行政主管部门报告并协助处理。有关行政管理部门在接到物业服务企业的报告后，应当依法对违法行为予以制止或者依法处理。本案中，甲公司在制止无效的情况下，及时向主管行政机关报告情况的做法是正确的。

找法

《中华人民共和国民法典》

第九百四十二条 物业服务人应当按照约定和物业的使用性质，妥善维修、养护、清洁、绿化和经营管理物业服务区域内的业主共有部分，维护物业服务区域内的基本秩序，采取合理措施保护业主的人身、财产安全。

对物业服务区域内违反有关治安、环保、消防等法律法规的行为，物业服务人应当及时采取合理措施制止、向有关行政主管部门报告并协助处理。

《物业管理条例》

第四十五条 对物业管理区域内违反有关治安、环保、物业装饰装修和使用等方面法律、法规规定的行为，物业服务企业应当制止，并及时向有关行政管理部门报告。

有关行政管理部门在接到物业服务企业的报告后，应当依法对违法行为予以制止或者依法处理。

举一反三

物业公司在处理业主私搭乱建问题时，一定要按照法律法规的规定依法行事，不可做出对业主权益造成侵害的行为。物业公司不具有罚款的权力，也不具有强制拆除的权力。因此，在物业公司向业主提出拆除要求后业主拒绝履行的，物业公司无权对业主实施罚款，也不能强制对建筑物进行拆除，应及时向主管行政机关进行汇报，由行政机关依法进行处理。如物业公司处理不当，给业主造成了损失，物业公司负有赔偿的责任。

二、物业服务企业篇

48. 物业公司在紧急情况下，能否未经允许进入居民住宅？

遇事

扫一扫，听案情

> 维修师傅说是301室的水管破裂了，但现在联系不上业主吴先生。

> 不如找开锁师傅撬门吧，楼道里积水太深了……

> 物业公司未经我允许进入我家，还损坏了房门，我要求赔偿。

123

说法

我国法律明确规定，因紧急避险造成损害的，由引起险情发生的人承担民事责任，紧急避险采取措施不当或者超过必要的限度，造成不应有的损害的，紧急避险人应当承担适当的民事责任。紧急避险，是指为了使社会公共利益、本人或者他人的合法权益免受更大的伤害，在迫不得已的情况下采取的牺牲其中较轻的利益，保全较重的利益的行为。

本案中，301户水管破裂导致201户及101户严重漏水，造成墙壁、地板、家具被泡，如不及时进入301户关闭自来水阀门，将会给201户及101户造成更为严重的财产损失，因此，在无法联系到301户业主开门的情况下，为了避免给201户及101户造成更大的财产损失，甲公司有权采取紧急避险措施，撬门进入301户室内及时关闭自来水阀门。对于给吴先生造成的房门等损失，甲公司是否负有赔偿责任，要看甲公司在实施紧急避险行为时是否存在措施不当或超过必要限度的情况。本案中，甲公司除了撬开门锁之外没有给吴先生的房屋造成其他任何破坏或损坏，而撬开门锁也是进入房屋所不得不采取的必要的手段和行为，因此，甲公司不存在措施不当或超过必要限度的情况，无需向吴先生承担赔偿责任。

找法

《中华人民共和国民法典》

第一百八十二条 因紧急避险造成损害的，由引起险情发生的人承担民事责任。

危险由自然原因引起的，紧急避险人不承担民事责任，可以给予适当补偿。

紧急避险采取措施不当或者超过必要的限度，造成不应有的损害的，紧急避险人应当承担适当的民事责任。

举一反三

生活实践中还可能出现其他一些物业公司不得不实施紧急避险行为的情况,如为救助生命而不得不破门、破窗而入而造成必要财产损失;为抓捕违法犯罪分子、制止不法侵害行为而造成必要财产损失等。物业公司一定要注意在实施紧急避险行为时,要遵循必要性原则,采取可能造成损害最小的方式实施,如存在措施不当或超过必要限度的情况,物业公司需要适当承担赔偿的责任。

49 承租人不遵守管理规约约定，物业公司该怎么办？

遇事

陈女士为Z小区的业主，其房屋位于一楼，且窗户临街。Z小区的物业服务企业为甲公司，该小区的管理规约上明确约定禁止业主将房屋用于经营使用。陈女士将房屋出租给小吴，房屋租赁合同中明确约定了房屋租赁用途为居住。小吴搬入房屋之后，便悄悄开始做起了打字复印生意，在临街的窗户上挂上了"打字复印"的招牌。由于Z小区并非封闭小区，小吴的客户络绎不绝地出入小区及小吴租赁的房屋，不但打扰了周围邻居，也给小区带来了安全和卫生等问题，给物业管理带来了很大的麻烦。甲公司多次找到小吴，告知其行为已经违反了管理规约，要求他停止经营，小吴不听劝阻，说自己是从房东那里租的房子，与物业没有直接关系。无奈，甲公司联系到业主陈女士，告知陈女士承租人小吴在私自经营打字复印业务，已经违反了管理规约，陈女士作为业主，负有连带责任，如陈女士不及时制止承租人，甲公司将对小吴和陈女士提起诉讼。陈女士非常重视，在陈女士的督促下，小吴停止了经营行为。显然，承租人并非业主，与物业服务企业之间并未建立物业服务合同关系，那么承租人要遵守管理规约吗？对于承租人违反管理规约的行为，物业服务企业应如何管理呢？

说法

首先，管理规约不仅对全体业主具有约束力，也可以依法约束非业主物业使用人，非业主物业使用人一般指物业的承租人、借用人、代管人、典用人等实际使用物业的人。小吴作为承租人，需要遵守Z小区的管理规约。

其次，虽然业主陈女士并没有违反管理规约，但为了督促业主约束非业主使用人遵守管理规约，业主陈女士应对非业主使用人小吴违反管理规约的行为承担连带责任。

最后，针对承租人违反管理规约引起的物业服务纠纷，物业公司可以直接要求承租人承担相应的责任，同时可以要求业主承担连带责任。物业公司通过劝阻、制止等方式沟通无效的，可以通过提起民事诉讼的方式要求承租人、业主共同承担相应责任。

本案中，小吴在居民住宅中私自经营打字复印业务，不仅违反了管理规约，也违反了相关法律规定，甲公司有权对物业使用人小吴私自经营打字复印业务的行为进行管理，在小吴不配合的情况下，甲公司要求陈女士对此事承担连带责任也是符合法律规定的。

找法

《中华人民共和国民法典》

第二百七十九条 业主不得违反法律、法规以及管理规约，将住宅改变为经营性用房。业主将住宅改变为经营性用房的，除遵守法律、法规以及管理规约外，应当经有利害关系的业主一致同意。

《物业管理条例》

第四十七条 物业使用人在物业管理活动中的权利义务由业主和物业使用人约定，但不得违反法律、法规和管理规约的有关规定。

物业使用人违反本条例和管理规约的规定，有关业主应当承担连带责任。

《最高人民法院关于审理物业服务纠纷案件适用法律若干问题的解释》

第四条 因物业的承租人、借用人或者其他物业使用人实施违反物业服务合同，以及法律、法规或者管理规约的行为引起的物业服务纠纷，人民法院可以参照关于业主的规定处理。

《最高人民法院关于审理建筑物区分所有权纠纷案件适用法律若干问题的解释》

第十条 业主将住宅改变为经营性用房，未依据民法典第二百七十九条的规定经有利害关系的业主一致同意，有利害关系的业主请求排除妨害、消除危险、恢复原状或者赔偿损失的，人民法院应予支持。

将住宅改变为经营性用房的业主以多数有利害关系的业主同意其行为进行抗辩的，人民法院不予支持。

举一反三

实际生活中，当业主承担了连带责任之后，应如何向承租人主张权利呢？一是可以根据出租人与承租人签订的房屋租赁合同的相关约定，要求承租人在承担排除妨害、恢复原状、赔偿损失等责任之外，另向出租人承担相应的违约责任或赔偿责任；二是可以根据相关法律规定向承租人进行追偿。

二、物业服务企业篇

50 物业公司在小区宣传栏公示欠费业主房号，侵犯业主名誉权吗？

遇事

吴先生是D小区的业主，甲公司是D小区的物业服务企业，吴先生因小区停车问题与甲公司产生矛盾，已有3年未向甲公司交纳物业费。一天下班回家，吴先生在小区公示栏里看到了甲公司张贴的物业费催收单，上面记载着包括吴先生家房号在内的一百余户未交纳物业费业主的房号，并要求这些房号对应的业主于3日之内向甲公司交清欠费，否则将采取法律手段进行催收。吴先生对甲公司张贴欠费业主房号的行为非常恼火，认为自己不交物业费系事出有因，并非恶意不交费，甲公司将自家房号张贴出来会导致自己被邻居议论、嘲笑，导致自己社会评价降低，认为甲公司侵害了自己的名誉权。

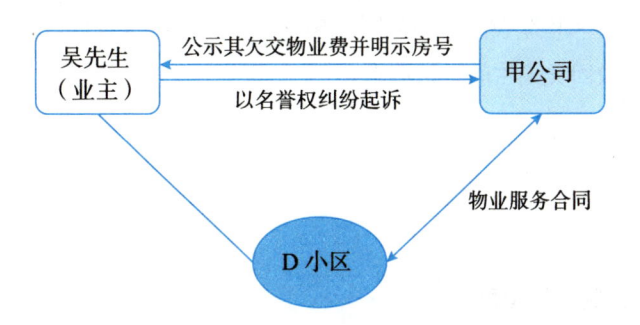

```
       公示其欠交物业费并明示房号
吴先生 ──────────────────→ 甲公司
（业主）←──────────────────
         以名誉权纠纷起诉
                              ↑
                              │ 物业服务合同
                              │
                            D小区
```

吴先生遂以名誉权纠纷为由将甲公司起诉至人民法院，要求甲公司立即停止侵权、赔礼道歉并赔偿损失。那么，物业公司在小区宣传栏公示欠费业主房号，侵犯业主名誉权吗？

说法

根据我国现行法律规定，业主负有按照约定向物业公司支付物业费的义务，业主违反约定逾期不支付物业费的，物业公司可以催告其在合理期限内支付。而名誉是指对民事主体的品德、声望、才能、信用等的社会评价。要判断物业公司的公示行为是否侵犯了业主的名誉权，就要看物业公司公示的行为是否导致业主的信用评价降低。如物业公司不仅公示了房号，还对业主的姓名、房屋面积、欠费金额等内容都予以公示，在公示内容中出现了对业主的负面或否定评价，或物业公司将并不欠费的业主错误地公示在了欠费业主的名单中，这样确实存在涉嫌侵犯业主名誉权的可能性，还可能涉及侵犯业主隐私权的问题。但本案中，甲公司仅公示了房号，并没有公示业主的姓名、欠费金额等信息，公示内容中也未出现任何对业主具有否定或负面评价的语言，公示地点为小区公告栏。一方面，甲公司在小区公告栏进行公示，是在限定区域内的信息公开，公开内容中仅有房号，没有业主姓名、欠费金额等信息，不会导致公众或小区业主对欠费业主身份的直接确认；另一方面，公示的内容仅为督促交纳物业费，并未使用"恶意欠费"等具有评价性的语言，不会直接导致业主的社会评价降低。因此，甲公司采用适当的公示方法，督促未交物业费的业主尽快交纳物业费，并未侵害被公示业主的名誉权。法院应驳回吴先生的诉讼请求。

找法

《中华人民共和国民法典》

第九百四十四条 业主应当按照约定向物业服务人支付物业费。物业服务人已经按照约定和有关规定提供服务的，业主不得以未接受或者无需接受相关物业服务为由拒绝支付物业费。

业主违反约定逾期不支付物业费的，物业服务人可以催告其在合理期限内支付；合理期限届满仍不支付的，物业服务人可以提起诉讼或者申请仲裁。

物业服务人不得采取停止供电、供水、供热、供燃气等方式催交物业费。

第一千零二十四条 民事主体享有名誉权。任何组织或者个人不得以侮辱、诽谤等方式侵害他人的名誉权。

名誉是对民事主体的品德、声望、才能、信用等的社会评价。

举一反三

目前，许多地区的物业管理规定中均明确，物业公司有权对欠费业主进行公示，有些地方性法规还对公示的具体方式、范围进行了明确的规定。物业公司在公示欠费信息时，一是要注意符合地方性法规的要求，二是要注意公示的方式方法，不仅不能对欠费业主的名誉造成侵害，还要保护业主的个人隐私。

遇事找法 物业纠纷一站式法律指引

51 业主在小区张贴诋毁物业公司的小报，是否侵犯物业公司的名誉权？

遇事

扫一扫，听案情

> 张女士，有业主投诉你占用小区草坪种菜，这些菜必须铲除了。

公告栏
坚决铲除强盗物业
黑心物业无良知

> 不让我种菜，你们也别想好过！

> 张女士侵犯了物业公司的名誉权，我方要求张女士公开赔礼道歉并赔偿损失！

说法

根据我国现行法律规定，名誉是指对民事主体的品德、声望、才能、信用等的社会评价；民事主体享有名誉权，任何组织或者个人不得以侮辱、诽谤等方式侵害他人的名誉权。张女士与甲物业公司因物业管理过程中的问题产生争议，张女士如认为甲公司侵犯了其合法权益，应当将与甲物业公司之间的纠纷交给行政、司法部门处理，不应私自撰写内容不实的诋毁甲物业公司的文字材料并张贴于小区公共区域，且文字材料上的用语已超出正常的批评和评价的范围，足以影响甚至误导其他业主及社会公众对甲物业公司产生怀疑、偏见，降低甲物业公司的社会评价。张女士的行为侵害了甲物业公司的名誉权，甲物业公司有权要求张女士承担相应责任。张女士应公开赔礼道歉并赔偿甲物业公司的损失。

找法

《中华人民共和国民法典》

第九百九十五条 人格权受到侵害的，受害人有权依照本法和其他法律的规定请求行为人承担民事责任。受害人的停止侵害、排除妨碍、消除危险、消除影响、恢复名誉、赔礼道歉请求权，不适用诉讼时效的规定。

第一千零二十四条 民事主体享有名誉权。任何组织或者个人不得以侮辱、诽谤等方式侵害他人的名誉权。

名誉是对民事主体的品德、声望、才能、信用等的社会评价。

举一反三

与名誉权同为人格权的荣誉权，与名誉权并不是同一个概念，要注意辨析。名誉权是民事主体就其自身属性和价值所获得的社会评价享有的保有和维护的具体人格权。而荣誉权是指公民、法人所享有的，因自己的突出贡献或特殊劳动成果而获得的光荣称号或其他荣誉的权利。

52 物业公司有权阻拦业主安装太阳能热水器吗?

遇事

王先生购买了Y小区的商品房一套,入住装修时,王先生欲安装太阳能热水器却遭到前期物业公司甲公司的阻拦。甲公司称,小区的业主临时公约中已经载明,业主不能安装太阳能热水器,王先生如果安装太阳能热水器,就违反了业主临时公约的约定,而且王先生安装太阳能热水器会破坏楼顶防水层,会给顶楼住户带来不便或损失,王先生在未获得顶层业主允许的情况下安装太阳能热水器也侵害了顶层业主的利益,因此甲公司不能同意王先生安装太阳能热水器。双方就此事发生争议。那么,物业公司是否有权阻拦业主安装太阳能热水器呢?

说法

业主安装太阳能热水器本是节约能源的好事,但在实际操作层面,在建成使用的住宅上安装太阳能热水器确实容易引发一些问题。安装太阳能热水器的必备条件之一,就是对房顶进行防踩踏设计,如果建筑的顶楼在做防水设计时并没有考虑太阳能的因素并作相应处理,则防水层很容易被破坏。另外,如房屋建设时没有预留安装太阳能热水器基座,业主擅自打眼固定,就会破坏防水层,造成顶层住户房顶漏水。且在楼顶放置过多的热水器,增加楼体和楼顶承重,如果在住宅设计时未考虑安装太阳能热水器的荷载,将埋下安全隐患。因此,许多小区尤其是一些新建物业小区,在业主入住时签署的前期物业服务合同内,都会有"禁止在顶楼安装太阳能热水器"的约定。

国家法律对小区能否安装太阳能热水器没有具体规定,判断物业公司是否有权阻拦业主安装太阳能热水器可从以下三个方面来考虑:一是所在城市、地区是否有禁止性规定;二是小区的管理规约、业主公约等文件中是否有禁止性规定；三是安装太阳能热水器是否会影响楼体的安全、使用功能，是否会影响全体业主的公共利益和部分业主的权益。如果所在城市、地区的法规或政策中明确了某类或某些住宅不能安装太阳能热水器，或小区的管理规约中明确约定禁止安装太阳能热水器，或安装太阳能热水器事实上会给楼体安全、业主的使用带来隐患，则物业公司就可以对业主安装太阳能热水器的行为进行阻止。如不存在以上几种情况，物业公司无权阻拦业主安装太阳能热水器。

找法

《物业管理条例》

第七条 业主在物业管理活动中，履行下列义务：

（一）遵守管理规约、业主大会议事规则；

（二）遵守物业管理区域内物业共用部位和共用设施设备的使用、公共秩序和环境卫生的维护等方面的规章制度；

……

举一反三

太阳能热水器虽然具有节能、环保等诸多优点，但存在安全隐患和影响美观等客观问题。如果业主在自行选择安装太阳能热水器的过程中，对小区楼房公共部位造成了损坏，或者在使用过程中因漏水等原因对其他业主造成了损害，是应当承担赔偿责任的。要解决这些问题，需要物业公司与业主的共同努力，例如能否找到合适的空地集中在地面安装太阳能设施，以弥补安全隐患和影响美观的缺陷。

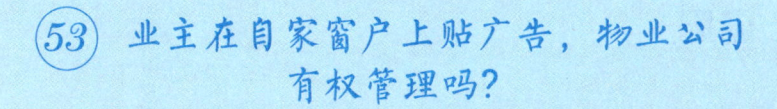

53 业主在自家窗户上贴广告，物业公司有权管理吗？

遇事

赵先生是A小区的业主，为了增加收入，赵先生在自家临街的窗户上张贴了一些广告宣传单。第二天，A小区的物业服务企业甲公司就找到赵先生，要求赵先生将在窗户上张贴的小广告清除，因为这样影响小区的整齐和美观，影响小区的品质。可赵先生认为在自家的窗户上张贴小广告，又没有占用公共区域，物业公司根本管不着。双方产生争议。那么，业主在自家窗户上贴广告，物业公司有权管吗？

说法

业主虽然是在自己家的窗户上张贴广告宣传单，但因为窗户属于楼体外立面的一部分，对小区外观有着重要的影响，这样的张贴行为并不是单纯的个人行为，而是涉及整个小区整体利益的行为。基于对小区整体的保值、增值需要，任何业主都有义务维护小区的环境。业主大会、业主委员会有权管理和制止个别业主在自家窗户上张贴广告的行为。物业公司同样有权管理和制止个别业主在自家窗户上张贴广告的行为。一些小区的物业服务合同、管理规约中明确禁止了此类行为，且物业公司本身也承担对物业保值、增值的职责，因此物业公司有权对有损小区全体业主或大多数业主利益的行为进行制止，这是由物业公司本身的职责所决定的。赵先生作为业主，不可以在自家窗户上张贴广告宣传单，甲公司对赵先生的行为有权进行管理。

遇事找法 物业纠纷一站式法律指引

🔍 找法

《物业管理条例》

第四十五条 对物业管理区域内违反有关治安、环保、物业装饰装修和使用等方面法律、法规规定的行为，物业服务企业应当制止，并及时向有关行政管理部门报告。

有关行政管理部门在接到物业服务企业的报告后，应当依法对违法行为予以制止或者依法处理。

举一反三

业主私自在自家的临街窗户上张贴广告的行为，不仅影响小区的整体美观和对外价值的体现，还有可能涉嫌违反当地的关于广告管理的规定。因此，如物业公司劝阻业主清除小广告无效，也可向主管行政机关进行汇报，由行政机关来进行处理。在此也奉劝广告业主，切莫贪小利而做出影响小区整体利益的行为，毕竟小区的整体保值增值才是与每一名业主切身利益息息相关的大事。

54 物业公司是否有权阻拦业主在车位上安装自用充电桩？

遇事

王女士系A小区业主，甲物业公司系A小区的物业服务企业。王女士在购房时一并购买了该小区的一个地下产权车位。2022年年初，王女士购买了一辆新能源汽车，但A小区并未配备公用充电桩。为了解决新能源汽车充电的问题，王女士想在自家的产权车位上安装自用充电桩，却遭到甲物业公司的阻拦，理由是在地下车库安装充电桩存在安全隐患，会危及小区全体业主的生命和安全。由于无法获得甲物业公司出具的同意安装充电桩的证明材料，王女士始终未能成功安装自用充电桩，其新购置的新能源汽车也无法正常使用。王女士与甲物业公司因安装自用充电桩的问题产生争议。那么，物业公司是否有权阻拦业主在车位上安装自用充电桩呢？

说法

充电桩是新能源汽车所有权人实现车辆使用目的不可或缺的设施设备，在未配备公用充电桩或不具备安装公用充电桩条件的小区，安装自用充电桩是具有必要性的，但安装自用充电桩的报装主体只能是占用固定车位产权人或长期承租方（租期一年及以上）。固定车位产权人或长期承租方有权在其所有或长期承租的车位上安装自用充电桩，物业管理服务企业应予配合，无正当理由不得阻拦。物业管理服务企业应在接到用户自用充电桩安装申请之后的5个工作日内予以办理，若不同意需书面说明具体理由。

王女士作为车位的所有权人，有权在自己所有的车位上安装自用充电桩，至于安装充电桩是否存在安全隐患，应由供电等相关部门通过现场勘查判断王女士所有的车位是否具备用电及施工可行性，不属于甲物业公司的权限范围，甲物业公司无权阻拦。甲物业公司无正当理由阻拦王女士安装自用充电桩，已经侵害了王女士的合法权益，王女士可通过民事诉讼的方式要求甲物业公司配合出具同意安装充电桩的证明材料，并要求其承担民事责任。

找法

《中华人民共和国民法典》

第二百八十六条第一款 业主应当遵守法律、法规以及管理规约，相关行为应当符合节约资源、保护生态环境的要求。对于物业服务企业或者其他管理人执行政府依法实施的应急处置措施和其他管理措施，业主应当依法予以配合。

第二百八十七条 业主对建设单位、物业服务企业或者其他管理人以及其他业主侵害自己合法权益的行为，有权请求其承担民事责任。

《国家发展改革委、国家能源局、工业和信息化部、住房城乡建设部关于加快居民区电动汽车充电基础设施建设的通知》

四、引导业主委员会支持设施建设。各地房地产（房屋）行政主管部门、街道办事处或乡镇人民政府、社区居委会要按照《私人用户居住地充电基础设施建设管理示范文本》（附后），主动加强对业主委员会的指导和监督，引导业主支持充电基础设施建设改造，明确充电基础设施产权人、建设单位、管理服务单位等相关主体的权利义务以及相应建设使用管理流程。对于占用固定车位产权人或长期承租方（租期一年及以上）建设充电基础设施的行为或要求，业主委员会（或业主大会授权的管理单位）原则上应同意并提供必要的协助。

六、发挥物业服务企业积极作用。在居民区充电基础设施安装过程中，物业服务企业应配合业主或其委托的建设单位，及时提供相关图纸资料，积极配合并协助现场勘查、施工。鼓励物业服务企业根据用户需求及业主大会授权，利用公共停车位建设相对集中的公共充电基础设施并提供充电服务。地方可充分利用财政资金杠杆作用，对配套服务与管理积极主动、成效突出的物业服务企业给予适当奖补。

举一反三

物业公司除根据实际情况出具同意业主安装充电桩的证明材料外，还应积极配合充电基础设施建设企业，及时提供相关图纸或指认停车区域内电源位置及暗埋管线的走向、指定专人配合勘查现场和施工、配合办理用电变更等手续；对在充电设施安装或使用过程中出现的问题，还应积极配合并在能力范围内协助业主予以解决。同时，物业公司在发现充电设施存在安全隐患时，应及时行使物业管理权利予以纠正、制止，相关权益人也应配合物业公司的监管。

55 物业公司是否可以将小区车位出租给小区业主以外的人？

遇事

甲公司是Z小区的物业服务企业，为了增加收入，甲公司将小区部分地面停车位出租给小区外的人，并获取租金收益。Z小区的停车位数量本来就无法满足小区内业主的使用需求，甲公司对外出租一部分停车位之后，业主们停车就更加困难了。业主们要求甲公司停止对外租赁并返还租赁期间所获得的收益，但甲公司称Z小区是老小区，物业费太低，无法满足物业管理中心的日常运营，对外出租车位所获得的收益是用来弥补管理中心的运营资金的，不同意向业主返还。后业主委员会向人民法院提起诉讼，要求甲公司停止对外出租车位并返还出租车位期间所获得的收益。那么，物业公司是否可以自行决定将小区车位出租给小区业主以外的人呢？

说法

地面停车位一般包含两种类型：一种是建筑区划内的，所有权属于开发商，业主和开发商可以通过约定的方式确定有偿或无偿使用；另一种是占用业主共有的道路或其他场地用于停放汽车的车位，是建筑区划外的车位，属于业主共有。针对建筑区划内的地面停车位，应当首先满足本小区业主的需要，在本小区内业主停车需求尚未满足的情况下，不能对外出租给非小区业主使用。对于建筑区划外的地面停车位，属于全体业主共有，对于该部分停车位出租给非小区业主使用，则需要经过业主共同决定同意后才能出租给非小区业主使用。

本案中，甲公司对外出租的车位如果是建筑区划内的车位，因该小区车位本来就无法满足本小区业主需求，甲公司不能对小区业主以外的人出租。如果出租的车位是建筑区划外的车位，因业主并未同意将车位用于对外出租，甲公司无权擅自决定对外出租车位。甲公司应立即停止侵害业主权利的出租行为，并将出租期间所获收益返还给全体业主。

找法

《中华人民共和国民法典》

第二百七十五条 建筑区划内，规划用于停放汽车的车位、车库的归属，由当事人通过出售、附赠或者出租等方式约定。

占用业主共有的道路或者其他场地用于停放汽车的车位，属于业主共有。

第二百七十六条 建筑区划内，规划用于停放汽车的车位、车库应当首先满足业主的需要。

第二百七十八条 下列事项由业主共同决定：

……

（八）改变共有部分的用途或者利用共有部分从事经营活动；

……

业主共同决定事项，应当由专有部分面积占比三分之二以上的业主且人数占比三分之二以上的业主参与表决。决定前款第六项至第八项规定的事项，应当经参与表决专有部分面积四分之三以上的业主且参与表决人数四分之三以上的业主同意。决定前款其他事项，应当经参与表决专有部分面积过半数的业主且参与表决人数过半数的业主同意。

举一反三

物业公司不可因为利益的驱动，便做出诸如私自对外出租车位获利这样侵害业主利益的行为，这样非常不利于物业公司与业主之间建立和谐友好的关系，还会增加后期物业服务的难度。同时，物业公司

143

擅自出租小区内地面停车位的行为，如果违反了物业服务合同的约定，业主还可以依照物业服务合同的相关条款要求物业公司承担违约责任，物业公司要为自己的违约行为付出代价。

56 业主在小区内违规乱停车，物业公司应如何处理？

遇事

S小区是老小区，小区内的车位均为占用业主共有道路、场地形成的地面停车位，但数量有限，无法满足小区业主的使用需求，因此，小区经常出现乱停车的情况，尤其是晚归的业主，经常将车停放在小区道路上，不仅给小区其他车辆、行人的通行带来不便，还容易引发堵塞急救车、消防车而影响救援的事件。S小区的物业服务企业甲公司通过张贴停车规范、给乱停车的业主打电话告知停车规范、给乱停放的车辆贴上警示标等方式制止业主乱停车的行为，但均无效。一天夜间，甲公司将小区内违规停放的20余辆车辆锁了起来，被锁车的业主需到物业管理中心签署不违规停车的承诺后甲公司才给开锁允许业主驾驶车辆离开。那么，物业公司有权给小区内违规乱停放的车辆上锁吗？面对小区乱停车的问题，物业公司应如何处理呢？

说法

物业服务企业与业主是平等的物业服务合同关系，即使业主作出了违反物业服务合同、管理规约的行为，物业服务企业也应通过合法、合理的手段来进行管理。除非物业公司与业主或业主委员会签订的物业服务合同、管理规约或物业公司与业主签订的车辆停放服务协议中明确约定，对于小区内违规停放的车辆，物业公司可以锁车，一般情况下，物业公司无权给业主的车辆上锁，对违规停车的车辆上锁，这实际上侵犯了业主的权利，如果给被锁车辆造成损失的，物业公司还要向业主承担相应的赔偿责任。

物业公司可以从以下几方面着手解决业主乱停车的问题：一是加强管理

水平，如在小区主干道设置隔离设施，在禁停区域设立禁停标志，并在有消防通道的地方打上桩，防止被占用等；二是加强与业主委员会的沟通，联合业主委员会一起对乱停车的业主进行劝阻、引导，同时帮助业主解决小区车位不够、停车难的问题；三是针对严重的乱停车行为，应保留好证据，必要时可向相关行政主管部门反映情况或作出紧急处理。

找法

《中华人民共和国民法典》

第九百三十七条第一款 物业服务合同是物业服务人在物业服务区域内，为业主提供建筑物及其附属设施的维修养护、环境卫生和相关秩序的管理维护等物业服务，业主支付物业费的合同。

举一反三

实际生活中也可能存在以下特殊情况，如果物业公司与业主或业主委员会签订的物业服务合同、管理规约或物业公司与业主签订的车辆停放服务协议中明确约定对于违规停放车辆的业主或物业使用人，物业公司有权锁车、收取违约金甚至处罚金，那么物业公司是有权利按照约定执行相关惩罚措施的。

57 因电梯乘用人自身过错导致电梯事故受伤，物业公司需要承担责任吗？

遇事

小李系R小区业主，一天小李和家人小孙欲乘坐R小区电梯回到位于九层的家中。进入电梯前，小孙突然发现把手机遗忘在车里，便返回车里取手机。于是小李先行进入电梯，用铁丝线圈放置于电梯门处倚门等待小孙，而当电梯门即将关闭之时，小李将手伸往电梯门拉拽线圈，导致右手食指被夹伤。该电梯使用单位为R小区的物业服务企业甲物业公司，维护保养单位为乙电梯公司。事故发生后，乙电梯公司随即派出工程人员前往对事故电梯进行查看，发现电梯不存在任何问题。小李随即起诉甲物业公司及乙电梯公司至人民法院，要求该两家单位赔偿其医疗费、误工费等损失共计2万余元。法院在审理过程中调取了事故发生时电梯内的监控录像，勘验了事故发生现场并调阅了R小区的电梯维保记录，确认了以下事实：甲物业公司对电梯运行及使用应注意的方面以张贴《电梯使用标志》及《乘梯须知》予以公示并定期安排乙电梯公司对电梯进行维修保养；乙电梯公司已定期尽到对电梯的维护保养义务，事故发生时，电梯运行良好，不存在问题；小李受伤是由小李不当使用电梯造成。基于此，法院认为甲物业公司及乙电梯公司对小李的人身损害不存在过错，不应承担赔偿责任，小李的人身损害由其自身过失导致，应自行承担责任，判决驳回了小李的诉讼请求。那么，因电梯乘用人自身过错导致电梯事故受伤，物业公司需要承担责任吗？

说法

一般业主与物业服务企业签订的物业服务合同中都会明确电梯由物业公司代为管理，即物业企业为小区电梯的使用单位，是电梯的第一责任人，承

147

担维修、保养等义务。但鉴于电梯属于特种设备，其部件的维护、保养、更换等，需要由专业资质的人员来进行操作，物业服务企业一般会将电梯维保工作委托给维保单位。电梯使用单位、维保单位均有义务保证电梯的安全使用。当电梯事故发生时，物业服务企业虽然是小区电梯的第一责任人，但相关责任应该依据事故产生的缘由而定，只要物业服务企业按照物业服务合同的约定，认真履行了维护、保养等义务，就无需担责。

本案中，法院已查明甲物业公司、乙电梯公司均已认真履行了各自的义务，小李的人身损害系由其自身原因导致，甲物业公司、乙电梯公司对小李的人身损害没有过错，因此不应承担赔偿责任。法院驳回小李诉讼请求的判决是正确的。

找法

《中华人民共和国民法典》

第一千一百六十五条第一款 行为人因过错侵害他人民事权益造成损害的，应当承担侵权责任。

《中华人民共和国特种设备安全法》

第三十八条 特种设备属于共有的，共有人可以委托物业服务单位或者其他管理人管理特种设备，受托人履行本法规定的特种设备使用单位的义务，承担相应责任。共有人未委托的，由共有人或者实际管理人履行管理义务，承担相应责任。

二、物业服务企业篇

举一反三

实际生活中,当发生电梯事故时,通常按照以下规则区分事故责任。如果物业服务企业没有按照相关规定和合同约定,要求维保单位进行养护,或无视业主的投诉,对电梯故障不予理睬,由此产生的电梯事故,由物业服务企业担责。如果是因为维保单位不按合同约定履行维保义务,或违反规范要求玩忽职守等导致的事故,则由维保单位担责。如果是在保修期内因电梯元件等问题导致的事故,那么应由电梯生产厂商负责赔偿因此造成的损失。如果因为业主强踹电梯、投掷杂物等不当使用电梯的行为产生的事故,则由电梯乘用人自行担责。

58 业主高空抛物致人损害，物业公司需要承担责任吗？

遇事

甲公司是L小区的物业服务企业。近期，有多名业主向甲公司反映，从该小区3号楼路过时发现有物品从高处落下，如药瓶、书本、勺子等，险些发生危险导致路过的人受伤，要求甲公司制止3号楼居民向楼下抛掷物品的危险行为。但甲公司并没有在意，对业主反映的情况也没有进行跟进和处理。一天，L小区业主汪先生从3号楼下经过时，被楼上抛掷下来的铁勺砸伤头部。汪先生无法确定抛掷铁勺的人是哪一户，于是将甲公司起诉至人民法院，认为甲公司对于3号楼多次出现的高空抛物行为不加处理和制止，未尽到物业公司应尽到的维护小区安全的义务，要求甲公司对其承担赔偿责任；由于无法确认实施抛掷行为的加害人，汪先生在审理过程中明确表示本案中暂不起诉加害人，只要求追究甲公司的责任。经审理，法院判决甲公司对汪先生的损失承担20%的赔偿责任。那么，对于业主高空抛物致人损害的情况，物业公司需要承担责任吗？

说法

我国现行法律明确规定，禁止从建筑物中抛掷物品。同时还规定，从建筑物中抛掷物品或者从建筑物上坠落的物品造成他人损害的，由侵权人依法承担侵权责任；物业服务企业等建筑物管理人应当采取必要的安全保障措施防止前述规定情形的发生；未采取必要的安全保障措施的，应当依法承担未履行安全保障义务的侵权责任。这就是说，物业公司虽然不是直接侵权人，但如果物业公司未采取必要的安全保障措施、未履行安全保障义务，仍然要承担未履行安全保障义务的侵权责任。在法院实际审理的案件中，关于安全保障责任的承担情形主要包括两种形态：一是当难以确定直接加害人时，建筑物管理人作为直接侵权人依照过错大小承担按份责任；二是存在直接侵权人时，建筑物管理人违反相应安全保障义务的情况下的补充责任。

本案中，甲公司在业主多次向其反映3号楼存在高空抛物的情况后，没有积极排查、落实情况，对相关行为人进行制止，也没有在3号楼附近张贴警示标识，可以认定甲公司并未尽到安全保障的义务，应该承担未履行安全保障义务的侵权责任。由于实际侵权人无法认定，汪先生也在诉讼中明确表示暂不起诉直接加害人，只要求追究甲公司的责任，因此应按照甲公司的过错程度来确认甲公司承担责任的份额，法院按照甲公司过错程度判决甲公司对汪先生的损失承担20%的赔偿责任是正确的。

找法

《中华人民共和国民法典》

第一千一百九十八条 宾馆、商场、银行、车站、机场、体育场馆、娱乐场所等经营场所、公共场所的经营者、管理者或者群众性活动的组织者，未尽到安全保障义务，造成他人损害的，应当承担侵权责任。

因第三人的行为造成他人损害的，由第三人承担侵权责任；经营者、管理者或者组织者未尽到安全保障义务的，承担相应的补充责任。经营者、管理者或者组织者承担补充责任后，可以向第三人追偿。

第一千二百五十四条 禁止从建筑物中抛掷物品。从建筑物中抛掷物品或者从建筑物上坠落的物品造成他人损害的，由侵权人依法承担侵权责任；经调查难以确定具体侵权人的，除能够证明自己不是侵权人的外，由可能加害的建筑物使用人给予补偿。可能加害的建筑物使用人补偿后，有权向侵权人追偿。

物业服务企业等建筑物管理人应当采取必要的安全保障措施防止前款规定情形的发生；未采取必要的安全保障措施的，应当依法承担未履行安全保障义务的侵权责任。

发生本条第一款规定的情形的，公安等机关应当依法及时调查，查清责任人。

《最高人民法院关于依法妥善审理高空抛物、坠物案件的意见》

12.依法确定物业服务企业的责任。物业服务企业不履行或者不完全履行物业服务合同约定或者法律法规规定、相关行业规范确定的维修、养护、管理和维护义务，造成建筑物及其搁置物、悬挂物发生脱落、坠落致使他人损害的，人民法院依法判决其承担侵权责任。有其他责任人的，物业服务企业承担责任后，向其他责任人行使追偿权的，人民法院应予支持。物业服务企业隐匿、销毁、篡改或者拒不向人民法院提供相应证据，导致案件事实难以认定的，应当承担相应的不利后果。

举一反三

对于业主，一定要认识到高空抛物是一种高度危险的法律禁止的行为，高空抛物不仅要承担民事责任，如情节严重、造成严重后果的，还有可能面临治安处罚、刑事处罚等更为严苛的行政责任、刑事责任。对于物业公司，要注意对居民做好防止高空抛物的安全教育，可以利用管理系统、短信平台来进行高空抛物的警示提醒，还要张贴好警示标识，平时要做好安全检查、巡查，要及时排除安全隐患。

二、物业服务企业篇

59 楼体外墙脱落将行人砸伤，物业公司是否要承担责任？

遇事

赵先生为M小区的业主，甲公司为M小区的物业服务企业。M小区6号楼楼体墙皮松动，存在脱落危险，甲公司遂在6号楼附近区域放置了多处"外墙皮脱落，危险请勿靠近"的警示标识并张贴了"墙皮脱落，注意避让"的安全通告。一天，业主赵先生在6号楼下打电话，正巧此时6号楼外墙皮脱落，将赵先生砸伤。于是赵先生找到甲公司，要求甲公司赔偿因外墙脱落给自己造成的损失，甲公司则认为，自己在6号楼附近已经设置了警示标志，非常醒目，但赵先生在危险区域长时间逗留，导致受伤，应由赵先生自己承担相应责任，甲公司已经尽到了物业公司应尽的义务，因此不负有赔偿责任。无奈赵先生将甲公司起诉至人民法院，要求甲公司赔偿损失，法院经审理判决甲公司承担50%的赔偿责任。那么，楼体外墙脱落将行人砸伤，物业公司是否要承担责任呢？

说法

本案中，赵先生与甲公司争议的焦点问题有以下两点：一是对于外墙脱落给赵先生造成的损失，甲公司是否有赔偿责任；二是如果甲公司有责任，是否应对全部损失承担赔偿责任呢？

根据我国现行法律规定，建筑物、构筑物或者其他设施及其搁置物、悬挂物发生脱落、坠落造成他人损害，所有人、管理人或者使用人不能证明自己没有过错的，应当承担侵权责任。物业公司对小区公共部分负有管理和及时维护的责任，是致害楼栋的管理人。在小区楼体发生脱落并存在严重致害风险的情况下，物业公司有义务采取合理的、有效的方式避免损害发生，未能采取有效方式避免损害发生的，物业公司应承担侵权责任。甲公司作为M小区的物业服务企业，依法负有对M小区共有部分进行维护、管理的责任，是发生脱落事故的6号楼的管理人，甲公司虽设置了警示标识，但仍未能采取有效方法避免赵先生受到人身损害，应承担侵权责任。法律同时规定，被侵权人对同一损害的发生或者扩大有过错的，可以减轻侵权人的责任。甲公司已在6号楼附近醒目位置设置了警示标识并张贴了安全通告，但赵先生明知危险仍然在6号楼下长时间逗留，赵先生自身对损害的发生也具有过错，负有不可推卸的责任，因此应减轻甲公司的责任。人民法院根据双方当事人提交的证据及案件查明的事实情况，判决甲公司对赵先生的人身伤害损失承担50%的赔偿责任是正确的。

找法

《中华人民共和国民法典》

第一千一百七十三条　被侵权人对同一损害的发生或者扩大有过错的，可以减轻侵权人的责任。

第一千二百五十三条　建筑物、构筑物或者其他设施及其搁置物、悬挂物发生脱落、坠落造成他人损害，所有人、管理人或者使用人不能证明自己没有过错的，应当承担侵权责任。所有人、管理人或者使用人赔偿后，有其他责任人的，有权向其他责任人追偿。

举一反三

对于业主，对自身安全负有首要责任，如自身的大意或失误是造成损害发生的原因，则其自身通常是要承担一定责任的。对于物业公司，并不是张贴了警示标识就完成了全部义务，物业公司要注意安全管理，在设置警示标识后也要做好安全的检查，定时巡查并及时排除安全隐患。

二、物业服务企业篇

60 物业公司同意业主购买游乐设施放置于小区公共区域，要承担维护义务吗？

遇事

扫一扫，听案情

说法

各方当事人的争议在于，对业主经物业公司同意购买并放置于小区共用部位的游乐设施，物业公司是否具有维护的义务？崔女士系滑梯的购买者与提供者，经甲公司同意后放置于小区公共空地供小区儿童使用。崔女士作为设施的提供者，有义务保证该滑梯是从正规渠道购买的由正规厂家生产的质量合格的商品，不存在质量问题与瑕疵。本案中，崔女士提供了购买滑梯的发票、滑梯的合格证等材料，足以证明崔女士是在正规商场购买的质量合格的商品，因此崔女士对钱先生家孩子的伤情不负有赔偿责任。

甲公司作为物业服务企业，同意了崔女士将滑梯放置于小区空地的做法，便对该游乐设施的使用、风险负有告知、警示的义务，并对设施负有检查、修缮的义务。本案中，甲公司并未在游乐设施附近设置警示牌，滑梯扶手已损坏多时，但由于甲公司疏于检查，并未发现损坏的情况，更没有进行进一步警示并及时维修，导致钱先生家孩子手臂被划伤，甲公司未能尽到安全保障义务，应在其过错范围内，承担一定的赔偿责任。钱先生作为孩子的监护人，自身也存在一定的过错，小区内滑梯扶手的损坏非常明显，钱先生仍然让孩子使用滑梯，且在孩子使用滑梯过程中，并没有注意看护和保护孩子，导致孩子受伤，应负主要责任。因此，法院最终判决甲公司承担部分赔偿责任、崔女士不承担赔偿责任是正确的。

找法

《中华人民共和国民法典》

第一千一百九十八条第一款 宾馆、商场、银行、车站、机场、体育场馆、娱乐场所等经营场所、公共场所的经营者、管理者或者群众性活动的组织者，未尽到安全保障义务，造成他人损害的，应当承担侵权责任。

举一反三

未成年人的父母或者其他监护人依法对未成年人承担监护职责，为未成年人提供生活、健康、安全等方面的保障。监护人是保护孩子的第一责任人，即使发生案例中所述情况，物业公司也仅在其过错范围内承担一定比例的责任，因此，家长或其他监护人在看护儿童过程中一定要尽职尽责，履行好自己的监护义务，避免发生意外和危险。

遇事找法 物业纠纷一站式法律指引

61 业主家漏水导致电梯停运，物业公司有责任吗？

遇事

佟先生为M小区的业主，甲公司为M小区的物业服务企业。佟先生平时并不在M小区的房屋内居住，房屋处于空置状态。一天，佟先生家自来水管破裂漏水，水溢出房屋流入单元电梯间，致使该单元电梯发生故障，无法正常运行。当天，甲公司联系电梯维修员经勘查现场确认了电梯损坏情况及维修费用。甲公司认为电梯泡水损坏系由佟先生家自来水管破裂所致，应由佟先生承担全部维修费用，但经多次沟通，佟先生拒绝赔付，认为电梯维修维护是物业公司的义务范围，应由甲公司承担电梯维修费用。为了尽快修复电梯，不影响其他业主的正常使用，甲公司只好自行垫付了全部电梯维修费用，之后起诉佟先生至人民法院，要求佟先生赔偿已垫付的电梯维修费。那么，业主家漏水导致电梯停运，物业公司是否有责任呢？

说法

根据我国现行法律规定，行为人因过错造成他人民事权益损害的，应承担侵权责任。佟先生家中自来水管发生破裂漏水，造成公用电梯损坏，佟先生作为房屋所有权人对其住宅内部设施未尽维修养护义务，存在明显过错，导致漏水事件发生进而引发物业共用设施损坏，佟先生应对造成的损失承担赔偿责任。甲公司对于损失的产生并无过错，且已经履行了其作为物业服务企业应尽的义务，因此不应承担赔偿责任。物业公司虽然有义务负责电梯的日常维护，但这次电梯故障是业主人为造成的，应由造成损失的直接侵权人承担赔偿责任。由于佟先生拒绝承担电梯维修费用，甲公司先行垫付了电梯维修费用，以保证其他业主能够正常使用电梯，现甲公司要求佟先生赔偿已垫付的电梯维修费，符合法律规定，法院应支持甲公司的诉讼请求。

找法

《中华人民共和国民法典》

第一千一百六十五条第一款 行为人因过错侵害他人民事权益造成损害的，应当承担侵权责任。

举一反三

业主是自己房屋的第一责任人，对自己所有的房屋具有管理、维护的义务，一般情况下，因业主家漏水导致物业共用设施受损或给其他业主带来财产损失，原则上该业主作为直接侵权人是要承担赔偿责任的。至于物业公司是否应该承担责任，要根据物业公司是否有过错、是否造成损失产生的原因或损失扩大的原因等情况来具体判断。

62 物业公司有义务公示哪些信息？

遇事

郑先生是R小区的业主，对小区物业服务企业甲公司提供的物业服务非常不满意，小区环境脏乱、人员混乱，郑先生在小区生活好几年，都不知道负责自己家那栋楼的物业服务人员是谁，物业公司都负责提供哪些服务，而且经常看到小区楼道、电梯里有各类广告，也不知道这些收入是多少、都去哪了，无奈之下，郑先生向人民法院提起业主知情权诉讼，要求甲公司公示物业服务的事项、负责人员及业主共有部分的经营与收益情况，得到了法院的支持。那么，物业公司有义务公示哪些信息呢？

说法

物业公司应当将与物业服务有关的服务事项与情况定期向业主公开，并向业主大会、业主委员会报告，这些情况主要包括服务的事项、负责人员、质量要求、收费项目、收费标准、履行情况，以及维修资金使用情况、业主共有部分的经营与收益情况等。这是保障业主知情权的重要内容，同时也是物业公司的法定义务。其中，服务事项应当包含物业公司提供的全部服务；负责人员应精确到每项服务事项或每栋楼，以便业主遇到问题时能够及时求助；服务质量应与服务事项相对应，以便业主监督物业公司是否达到了约定的服务标准；收费项目、收费标准应具体、明确，让业主充分明白物业费的构成；履行情况要求物业公司应主动对物业服务合同的履行情况进行说明。维修资金使用情况与业主共有部分的经营与收益情况是实践中产生争议最多的领域，物业公司不能只公示汇总情况或简表等内容敷衍了事，业主有权知晓维修资金使用及共有部分收益的具体、详细的账目及明细等情况。

二、物业服务企业篇

找法

《中华人民共和国民法典》

第九百四十三条 物业服务人应当定期将服务的事项、负责人员、质量要求、收费项目、收费标准、履行情况,以及维修资金使用情况、业主共有部分的经营与收益情况等以合理方式向业主公开并向业主大会、业主委员会报告。

举一反三

定期公示服务的事项、负责人员、质量要求、收费项目、收费标准、履行情况以及维修资金使用情况、业主共有部分的经营与收益情况是物业公司的法定义务。还有一些小区的物业服务合同中约定了物业公司的公示义务及怠于履行义务的违约责任,在有充分合同依据的情况下,如果物业公司拒不履行公示义务,还应该向业主承担违约责任。

63 物业公司是否有权解除物业服务合同？

遇事

甲公司是T小区的物业服务企业，甲公司与T小区业主委员会签订的物业服务合同期限为2年。刚过了1年，甲公司向T小区业主委员会发出通知，因T小区物业费收缴率过低，导致公司严重亏损，因此决定于3个月后撤离小区物业服务现场，并会做好与新聘物业公司或业主自治的交接工作。业主委员会认为，物业服务合同约定的服务期限还没到，甲公司无权直接撤离小区，就算撤离，也属于违反物业服务合同约定的行为，甲公司应该支付违约金。沟通未果后，业主委员会起诉甲公司至人民法院，要求甲公司按照物业服务合同的约定支付提前解除合同的违约金。那么，物业公司是否有权解除物业服务合同呢？

说法

根据我国现行法律，合同解除分为约定解除与法定解除。约定解除是指合同中明确约定了合同解除的事由，例如，约定如某年物业费收缴率低于一定比例，物业公司有权解除物业服务合同。《中华人民共和国民法典》规定的合同的法定解除的情形主要有：（1）因不可抗力致使不能实现合同目的；（2）在履行期限届满前，当事人一方明确表示或者以自己的行为表明不履行主要债务；（3）当事人一方迟延履行主要债务，经催告后在合理期限内仍未履行；（4）当事人一方迟延履行债务或者有其他违约行为致使不能实现合同目的；（5）法律规定的其他情形。

本案中，甲公司提出的理由并不是物业服务合同中约定的可以解除物业服务合同的理由，同时也不符合法定解除的情形，因此，甲公司无权解除物业服务合同。如甲公司决意不再继续履行物业服务合同，也应按照物业服务合同的约定向业主支付违约金。虽然本案中甲公司提前通知了业主委员会不再继续履行合同的意思，也愿意配合交接工作，但仍不能免除甲公司应承担的违约责任。因此，法院应支持业主委员会的诉讼请求。

找法

《中华人民共和国民法典》

第五百六十二条　当事人协商一致，可以解除合同。

当事人可以约定一方解除合同的事由。解除合同的事由发生时，解除权人可以解除合同。

第五百六十三条　有下列情形之一的，当事人可以解除合同：

（一）因不可抗力致使不能实现合同目的；

（二）在履行期限届满前，当事人一方明确表示或者以自己的行为表明不履行主要债务；

（三）当事人一方迟延履行主要债务，经催告后在合理期限内仍未履行；

（四）当事人一方迟延履行债务或者有其他违约行为致使不能实现合同目的；

（五）法律规定的其他情形。

以持续履行的债务为内容的不定期合同，当事人可以随时解除合同，但是应当在合理期限之前通知对方。

第五百七十七条　当事人一方不履行合同义务或者履行合同义务不符合约定的，应当承担继续履行、采取补救措施或者赔偿损失等违约责任。

举一反三

关于解除物业服务合同，物业公司应注意以下两点：一是物业公司在签订物业服务合同时，最好能够在合同中清晰明确地约定合同解除的事由，当相关事由出现的时候，物业公司就可以依据合同的约定解除物业合同；二是一定要按照物业服务合同约定的时间和流程或者按照合理的时间和流程履行通知、交接、撤离等义务，不可"扔下就走"，这样会造成小区瘫痪，进而给业主造成损失。

64 物业公司是否有权要求确认业主大会的决议无效？

遇事

甲公司为春天小区的物业服务企业，其与春天小区业主委员会签订的物业服务合同到期日为2022年5月31日。物业合同到期前，春天小区业主大会就是否与甲公司续签物业服务合同一事进行投票表决，最终作出了不同意与甲公司续签物业服务合同的决议。甲公司认为决议作出的程序不符合法律要求，因此不同意业主大会的决议，还提起了民事诉讼，要求确认春天小区业主大会作出的不与其续签物业服务合同的决议无效。那么，物业公司是否有权要求确认业主大会的决议无效呢？

说法

物业管理区域内的全体业主组成业主大会。业主大会作为住宅小区物业管理的权力机构，具有制定和修改业主大会议事规则、管理规约，选举业主委员会，选聘物业服务企业，使用专项维修资金等有关小区共有和共同管理事务的决定权。业主大会是业主的自治组织，是基于业主的建筑物区分所有权的行使产生的，依据法定程序作出的决议，反映了建筑区划内绝大多数业主的意见。如果业主大会的决议程序违法或是决议内容侵害业主合法权益，只有业主才有权行使撤销权向人民法院请求撤销，而甲公司并非小区业主，无权对春天小区业主大会的决议提起确认无效的诉讼。因此，法院应驳回甲公司的起诉。

找法

《中华人民共和国民法典》

第二百七十七条 业主可以设立业主大会，选举业主委员会。业主大会、业主委员会成立的具体条件和程序，依照法律、法规的规定。

地方人民政府有关部门、居民委员会应当对设立业主大会和选举业主委员会给予指导和协助。

第二百七十八条 下列事项由业主共同决定：

（一）制定和修改业主大会议事规则；

（二）制定和修改管理规约；

（三）选举业主委员会或者更换业主委员会成员；

（四）选聘和解聘物业服务企业或者其他管理人；

（五）使用建筑物及其附属设施的维修资金；

（六）筹集建筑物及其附属设施的维修资金；

（七）改建、重建建筑物及其附属设施；

（八）改变共有部分的用途或者利用共有部分从事经营活动；

（九）有关共有和共同管理权利的其他重大事项。

业主共同决定事项，应当由专有部分面积占比三分之二以上的业主且人数占比三分之二以上的业主参与表决。决定前款第六项至第八项规定的事项，应当经参与表决专有部分面积四分之三以上的业主且参与表决人数四分之三以上的业主同意。决定前款其他事项，应当经参与表决专有部分面积过半数的业主且参与表决人数过半数的业主同意。

第二百八十条 业主大会或者业主委员会的决定，对业主具有法律约束力。

业主大会或者业主委员会作出的决定侵害业主合法权益的，受侵害的业主可以请求人民法院予以撤销。

举一反三

物业公司与业主之间建立的是物业服务合同关系,当合同期限届满,业主决定不再续聘物业公司的,物业公司的正确做法是在约定期限或者合理期限内退出物业服务区域,将物业服务用房、相关设施、物业服务所必需的相关资料等交还给业主委员会、决定自行管理的业主或者其指定的人,配合新物业服务人做好交接工作,并如实告知物业的使用和管理状况。

65 业主聘请了新物业公司，原物业公司在交接过渡期应履行哪些义务？

遇事

甲公司系D小区聘用的物业服务企业，但服务质量达不到业主的要求，因此在物业服务合同到期后，该小区业主大会决议不与其续签物业服务合同，并决定聘请乙公司作为小区的新物业服务企业，D小区业主委员会在业主大会的授权下与乙公司签订了物业服务合同。但甲公司始终不愿撤离小区，也不向业主委员会及乙公司移交材料，对小区的物业服务更加漫不经心，小区逐渐变得脏乱差，严重影响了小区管理秩序和业主的生活质量。无奈之下，业主委员会起诉甲公司至人民法院，要求甲公司立即撤出物业服务区域并向业主委员会移交物业服务用房、相关设施、物业服务所必需的相关资料。那么，当业主聘请了新物业公司的时候，原物业公司在交接过渡期应履行哪些义务呢？

说法

根据现行法律规定，物业服务合同终止的，原物业服务人应当在约定期限或者合理期限内退出物业服务区域，将物业服务用房、相关设施、物业服务所必需的相关资料等交还给业主委员会、决定自行管理的业主或者其指定的人，配合新物业服务人做好交接工作，并如实告知物业的使用和管理状况。物业公司违反上述义务，不得请求业主支付物业服务合同终止后的物业费；造成业主损失的，应当赔偿损失，同时还会受到行政处罚。

本案中，甲公司与D小区之间的物业服务合同因期满而终止，业主大会依照法定程序决定不再续聘甲公司，并选聘了乙公司作为新的物业服务企业，甲公司应在合理期限内退出物业服务区域并与业主委员会及乙公司办理移交手续。甲公司拒绝撤出、拒绝交接的行为已经违反了法律规定，法院应支持业主委员会的诉讼请求。

找法

《中华人民共和国民法典》

第九百四十九条 物业服务合同终止的，原物业服务人应当在约定期限或者合理期限内退出物业服务区域，将物业服务用房、相关设施、物业服务所必需的相关资料等交还给业主委员会、决定自行管理的业主或者其指定的人，配合新物业服务人做好交接工作，并如实告知物业的使用和管理状况。

原物业服务人违反前款规定的，不得请求业主支付物业服务合同终止后的物业费；造成业主损失的，应当赔偿损失。

《物业管理条例》

第五十八条 违反本条例的规定，不移交有关资料的，由县级以上地方人民政府房地产行政主管部门责令限期改正；逾期仍不移交有关资料的，对建设单位、物业服务企业予以通报，处1万元以上10万元以下的罚款。

举一反三

近年来，由于新老物业更替而引发的各类纠纷甚至冲突并不罕见，主要是由原物业服务企业不愿意配合交接、不愿意撤场而新物业服务企业又急于接管物业项目造成的。一旦冲突形成，不但相关物业服务企业有可能面临着行政处罚或民事赔偿责任甚至刑事责任，也会造成小区的混乱，给业主带来损失，给社会带来不和谐因素。因此，即使原物业服务企业存在不满情绪，也应做到依法退出、依法交接。

原物业服务企业在交接过程中应注意以下内容：

一是物业用房、相关设施、物业服务必要的相关资料的交还对象是业主委员会、决定自行管理的业主或其指定人，并非由原物业服务企业直接交给新物业服务企业；

二是确定好各项费用的交割时间点，如以交接当日为据，之后的各项费用由新物业服务企业开始计收，交接日前业主所欠的物业费等费用，仍由原物业服务企业收取；

三是新物业服务企业应与原物业服务企业共同对物业共用部位、共用设施设备和物业服务用房等进行查验，并制作物业查验记录，如发现问题，双方应当以书面形式明确解决办法。

66 物业公司中标后业主委员会迟迟不与其签订物业合同，物业公司该怎么办？

遇事

甲公司是R小区的物业服务企业，物业服务合同期满后，R小区业主大会通过表决决议不与甲公司续签物业服务合同，并通过公开招投标的方式选聘了新的物业服务企业。经过招标，乙公司被确定为中标人，并收到了中标通知书。但由于业主委员会成员意见有分歧，有部分业主委员会成员倾向于让甲公司继续服务，因此一方面怂恿甲公司拒不撤出物业服务区域，另一方面阻挠业主委员会与乙公司签订物业服务合同。3个多月过去了，经过乙公司多次催促，业主委员会仍迟迟不与乙公司签订物业服务合同。那么，物业公司遇到中标后迟迟无法签订物业服务合同的情况，应该如何处理呢？

说法

根据现行法律规定，中标通知书对招标人和中标人具有法律效力。中标通知书发出后，招标人改变中标结果的，或者中标人放弃中标项目的，应当依法承担法律责任。招标人和中标人应当自中标通知书发出之日起30日内，按照招标文件和中标人的投标文件订立书面合同。

本案中，R小区业主委员会在业主大会的授权下，通过招标程序，确定了乙公司为中标人，并向乙公司发出了中标通知书，招标人与中标人均受中标通知书的约束，双方应在中标通知书发出之日起30日内签订书面物业服务合同。但业主委员会由于内部问题，自向乙公司发出中标通知书之日起3个多月仍不与乙公司签订物业服务合同，不符合相关法律规定，应向乙公司承担相应的违约责任。乙公司可以起诉业主委员会，要求其按照约定承担违约责任或赔偿自己因参加投标而产生的损失。

找法

《中华人民共和国招标投标法》

第四十五条 中标人确定后,招标人应当向中标人发出中标通知书,并同时将中标结果通知所有未中标的投标人。

中标通知书对招标人和中标人具有法律效力。中标通知书发出后,招标人改变中标结果的,或者中标人放弃中标项目的,应当依法承担法律责任。

第四十六条 招标人和中标人应当自中标通知书发出之日起三十日内,按照招标文件和中标人的投标文件订立书面合同。招标人和中标人不得再行订立背离合同实质性内容的其他协议。

招标文件要求中标人提交履约保证金的,中标人应当提交。

举一反三

物业公司作为投标人参与投标,通常产生的损失都包括哪些呢?投标人参与投标,必定需要组织团队、制作标书,中标后还可能需要支付中标服务费,会为履行合同而做出必要的准备,这里面必定包含着人力及财力上的支出。以上这些都是投标人为了参与投标而产生的成本,也就是投标人的损失。招标人如违反法律规定,改变招标结果,就应该对中标的物业公司的以上损失进行赔偿。

67 物业公司有权预收物业费吗？

遇事

Y小区业主大会授权业主委员会与甲公司签订物业服务合同，合同约定由甲公司为Y小区提供物业服务，物业费由甲公司向Y小区业主按年度收取，每年的7月1日至次年的6月30日为一个收费年度，业主应于每年的6月30日向甲公司交纳下一年度的物业费。该物业服务合同内容已事先经过业主大会表决同意。但当甲公司收取物业费的时候，一部分业主不同意交纳，认为甲公司预收物业费是不合理的。甲公司将不交纳物业费的业主起诉至人民法院，要求业主按照物业服务合同的约定支付物业费。那么，物业公司有权预收物业费吗？

说法

物业公司与业主可以在物业服务合同中约定物业费的交纳方式。本案中，甲公司与业主委员会签订的物业服务合同，系双方的真实意思表示，不违反法律效力性强制性规定，合法有效，双方均应按约定履行各自的权利义务。甲公司应按合同约定提供物业服务，履行物业管理服务职责，业主也应按照协议约定交纳物业费。既然物业服务合同中明确约定了物业服务费以预交的形式收取，而物业服务合同的内容又是经过业主大会表决同意的，对全体业主具有约束力，那么，业主就应该按照合同约定的方式交纳物业费。法院应支持物业公司的诉讼请求。

找法

《中华人民共和国民法典》

第九百三十七条第一款 物业服务合同是物业服务人在物业服务区域

内，为业主提供建筑物及其附属设施的维修养护、环境卫生和相关秩序的管理维护等物业服务，业主支付物业费的合同。

第九百四十四条 业主应当按照约定向物业服务人支付物业费。物业服务人已经按照约定和有关规定提供服务的，业主不得以未接受或者无需接受相关物业服务为由拒绝支付物业费。

业主违反约定逾期不支付物业费的，物业服务人可以催告其在合理期限内支付；合理期限届满仍不支付的，物业服务人可以提起诉讼或者申请仲裁。

物业服务人不得采取停止供电、供水、供热、供燃气等方式催交物业费。

举一反三

物业公司在收取物业费时还应注意要符合当地物业管理条例的具体要求。目前，已有部分地区在当地的物业管理条例中对物业服务企业预收物业费的期限作出了明确的要求和限制，例如要求预收期限不得超过12个月或6个月等。物业公司预收物业费的时间与方式不能违反当地管理条例的规定。

68 物业公司的物业费收费标准未经备案，有效吗？

遇事

X小区的业主对该小区的前期物业公司不满意，于是X小区召开业主大会，成立了业主委员会，并通过表决作出决议，不再委托前期物业公司为Z小区提供物业服务，聘用甲公司作为Z小区的物业服务企业；业主大会同时表决通过了拟与甲公司签订的物业服务合同，其中对物业费收费标准有明确约定。此后，业主委员会与甲公司签订了物业服务合同，该物业服务合同约定的物业费收费标准略高于前期物业服务合同的收费标准。当甲公司按照物业服务合同约定的标准向业主收取物业费时，一部分业主不愿意交纳，并称甲公司的物业费收费标准未经备案，物业服务合同对物业费收费标准的约定是无效的。双方因此产生争议。那么，物业公司的物业费收费标准未经备案，有效吗？

说法

在我国，物业服务收费区分不同物业的性质和特点分别实行政府指导价和市场调节价。具体定价形式由省、自治区、直辖市人民政府价格主管部门会同房地产行政主管部门确定。物业服务收费实行政府指导价的，有定价权限的人民政府价格主管部门应当会同房地产行政主管部门根据物业管理服务等级标准等因素，制定相应的基准价及其浮动幅度，并定期公布。具体收费标准由业主与物业管理企业根据规定的基准价和浮动幅度在物业服务合同中约定。实行市场调节价的物业服务收费，由业主与物业管理企业在物业服务合同中约定。也就是说，无论实施的是政府指导价还是市场调节价，具体收费标准都应由物业管理企业与业主在物业服务合同中约定，是否备案不影响物业服务合同中对物业费收费标准的约定的效力。甲公司与业主委员会签订的物业服务合同中约定的物业费收费标准是经过业主大会表决同意的，对全体业主有效，不因未经备案而归于无效。本案中部分业主以物业费收费标准未经备案为由拒交物业费是没有法律依据的，在沟通无效的情况下，甲公司可以向拒绝交费的业主提起诉讼或仲裁，通过司法手段维护自身的权利。

🔍 找法

《物业管理条例》

第四十条 物业服务收费应当遵循合理、公开以及费用与服务水平相适应的原则，区别不同物业的性质和特点，由业主和物业服务企业按照国务院价格主管部门会同国务院建设行政主管部门制定的物业服务收费办法，在物业服务合同中约定。

《物业服务收费管理办法》

第四条 国务院价格主管部门会同国务院建设行政主管部门负责全国物业服务收费的监督管理工作。

县级以上地方人民政府价格主管部门会同同级房地产行政主管部门负责本行政区域内物业服务收费的监督管理工作。

第六条 物业服务收费应当区分不同物业的性质和特点分别实行政府指导价和市场调节价。具体定价形式由省、自治区、直辖市人民政府价格主管部门会同房地产行政主管部门确定。

第七条 物业服务收费实行政府指导价的，有定价权限的人民政府价格主管部门应当会同房地产行政主管部门根据物业管理服务等级标准等因素，制定相应的基准价及其浮动幅度，并定期公布。具体收费标准由业主与物业管理企业根据规定的基准价和浮动幅度在物业服务合同中约定。

二、物业服务企业篇

实行市场调节价的物业服务收费,由业主与物业管理企业在物业服务合同中约定。

举一反三

物业服务企业需要注意,物业费收费标准是受相关行政主管部门监督的。国务院价格主管部门会同国务院建设行政主管部门负责全国物业服务收费的监督管理工作。县级以上地方人民政府价格主管部门会同同级房地产行政主管部门负责本行政区域内物业服务收费的监督管理工作。也就是说,即使在实行市场调节价的地区,物业服务企业也不能肆意提高物业费收费价格,更不得与业主委员会串通,通过不合法的手段签订物业费收费标准畸高的物业服务合同。

69 物业公司怎样调整物业费收费标准才是合理合法的？

遇事

甲公司是山水小区的物业服务企业，黄女士为该小区的业主。山水小区尚未成立业主委员会，甲公司与包括黄女士在内的每位业主分别签订了物业服务合同，合同约定了物业管理服务内容、服务质量、服务费用及违约责任等事项。2021年10月，甲公司在小区张贴《物业费用调整公告》，对物业费进行上调。2021年11月至12月，甲公司在小区发放物业服务费用调整征求意见表，征求业主意见。2022年1月1日起，甲公司开始按上调后的价格收取物业费。但黄女士不同意物业费上涨，认为甲公司上调物业费未经过业主同意，不同意按照上调的物业费价格交纳物业费。甲公司起诉黄女士至人民法院，要求黄女士按照上调后的物业费收费标准支付物业费。那么，物业公司怎样调整物业费收费标准才是合理合法的？

说法

物业公司可以根据市场变化调整物业费的收费标准，但物业服务与居民的生活息息相关，物业服务费的调整关系到小区内所有业主的切身利益，物业费的调整属于物业管理区域内的重大物业管理事项，应当由全体业主共同决定，应当由专有部分面积占比三分之二以上的业主且人数占比三分之二以上的业主参与表决，并经参与表决专有部分面积过半数的业主且参与表决人数过半数的业主同意方可实施。否则，物业服务企业的价格调整不符合法定程序，得不到法律的支持。

本案中，甲公司调整物业费价格，仅在小区内发布了公告，并向部分业主征求了意见，并未达到法律对表决业主专有部分面积及人数的要求，因此，甲公司调整物业费程序违法，业主仍应按原来的物业费收费标准交纳物业费。

找法

《中华人民共和国民法典》

第二百七十八条 下列事项由业主共同决定：

……

（九）有关共有和共同管理权利的其他重大事项。

……

业主共同决定事项，应当由专有部分面积占比三分之二以上的业主且人数占比三分之二以上的业主参与表决。决定前款第六项至第八项规定的事项，应当经参与表决专有部分面积四分之三以上的业主且参与表决人数四分之三以上的业主同意。决定前款其他事项，应当经参与表决专有部分面积过半数的业主且参与表决人数过半数的业主同意。

举一反三

通常情况下，物业公司想调整物业费价格，应该在调价前，向全体业主公示上一年度物业经营情况的审计报告及调价方案，经业主同意方可实施。如果小区尚未成立业主委员会，物业服务企业可在当地街道办事处、乡镇人民政府的指导和监督下，与业主充分协商广泛征求业主对物业费调整的意见，并向社区居民委员会和街道办事处报告协商结果。在获得业主同意且社区居民委员会及街道办事处均对协商结果予以认可，同意上调小区物业费的情况下，物业服务企业才能进行物业服务费的调整。

70 承租人不遵守房屋租赁合同约定交纳物业费，物业公司该怎么办？

遇事

魏女士系L小区业主，甲公司为L小区的物业服务企业。魏女士将自己在L小区的房屋出租给了沈先生，租赁合同中特别约定由沈先生负责交纳租赁期间的物业费，该租赁合同也在甲公司进行了登记备案。但当甲公司向沈先生催收物业费时，沈先生以各种理由拖延。甲公司无奈向魏女士发送了催收函，要求其支付物业费，并说明如果迟延交费则需要承担违约金。魏女士认为自己已经将租赁合同在物业公司备案了，甲公司明确知晓由租户沈先生承担物业费，应该向沈先生催收，不应向自己催收，因此不同意交纳。在与两方联系均无果的情况下，甲公司将魏女士起诉至法院，要求魏女士支付物业费并承担违约金。那么，当承租人不遵守房屋租赁合同约定交纳物业费，物业公司该如何处理呢？

说法

在出租人与承租人之间，到底谁才是交纳物业费的主体呢？依法成立的合同对合同当事人具有约束力，且不得损害第三方权利。业主与承租人签订的租赁合同只能对租赁双方的权利义务作出约定，这种约定不得对抗包括物业服务企业在内的第三人，不得通过合同损害第三方权利。因此，业主与物业使用人（包括承租人）约定由物业使用人交纳物业服务费用的，业主仍要负连带责任。

本案中，魏女士与沈先生签订的房屋租赁合同中虽然约定租赁期间的物业费由沈先生承担，但魏女士作为业主，要承担连带责任，当沈先生拒不交纳物业费时，甲公司有权要求魏女士支付物业费。魏女士与沈先生的房屋租赁合同在甲公司处登记备案，这只是甲公司在履行物业管理的职责，不代表甲公司就丧失了依据物业服务合同向业主收取物业费的权利。法院应支持甲公司的诉讼请求。

找法

《物业管理条例》

第四十一条　业主应当根据物业服务合同的约定交纳物业服务费用。业主与物业使用人约定由物业使用人交纳物业服务费用的，从其约定，业主负连带交纳责任。

已竣工但尚未出售或者尚未交给物业买受人的物业，物业服务费用由建设单位交纳。

举一反三

> 如果承租人违反了房屋租赁合同的约定拒不交纳物业费，业主在向物业公司交纳物业费之后，应如何向承租人主张权利呢？业主作为出租人，其与承租人之间是房屋租赁合同关系，房屋租赁合同的条款对双方均有约束力。如果房屋租赁合同中明确约定物业费由承租人承担，承租人拒不交纳物业费的行为就构成了房屋租赁合同项下的违约，出租人有权利根据与承租人的房屋租赁合同，向承租人追偿，并追究承租人的违约责任。

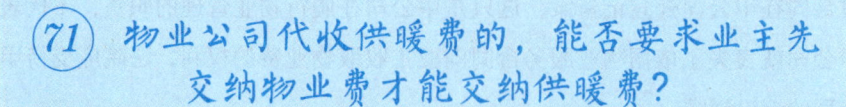

71 物业公司代收供暖费的，能否要求业主先交纳物业费才能交纳供暖费？

遇事

甲公司是J小区的物业服务企业。J小区的热力管道户外部分尚未向热力公司进行产权移交，供暖费由热力公司委托甲公司代收。甲公司每年都要求业主必须先交纳物业费才能交纳供暖费，业主们非常不满，认为物业费和供暖费是两码事，甲公司的做法是强迫业主交费，但如果交不上供暖费，冬季就无法正常供暖，业主对此事都很无奈，也经常与甲公司发生争执。那么，在物业公司代收供暖费的情况下，物业公司能否强行要求业主先交纳物业费才能交纳供暖费？

说法

物业费是指物业产权人、使用人委托物业服务企业对居住小区内的房屋建筑及其设备、公用设施、绿化、卫生、交通、治安和环境等项目进行日常维护、修缮、整治及提供其他与居民生活相关的服务所收取的费用。而供暖费属于物业公司代收代缴的费用，和物业费没有任何关系，物业公司代收供暖费不属于物业服务合同约定的服务范围。如果业主拖欠了物业费，物业公司可以通过合理催告和诉讼手段解决，不能采取这种捆绑方式强制业主缴费。

本案中，甲公司代热力公司收取供暖费是代收代缴，甲公司无权要求业主必须先交纳物业费才能交纳供暖费。无论业主是否交纳了物业费，都可以依法交纳供暖费，甲公司不得阻拦。

二、物业服务企业篇

🔍 找法

《物业管理条例》

第四十四条　物业管理区域内，供水、供电、供气、供热、通信、有线电视等单位应当向最终用户收取有关费用。

物业服务企业接受委托代收前款费用的，不得向业主收取手续费等额外费用。

举一反三

> 物业公司不仅不得将代收的供暖费、水费、电费、燃气费等费用与物业费进行捆绑，还要注意不得在代收费用的基础上附加任何手续费等其他费用。实践中，一些地方的物业管理条例还对这种行为规定了相应的惩罚措施，因此物业公司一定要注意合法履行代收义务。

72 物业公司应从何时开始起收物业费？

遇事

冯先生购买了甲公司开发的K小区商品房一套，双方签订的商品房销售合同中约定的交房日期为2022年6月20日前。2022年6月初，甲公司通知冯先生于2022年6月20日来交房，但由于冯先生在外地出差，于2022年8月才将交房手续办理完毕。甲公司委托乙公司作为K小区的前期物业服务企业，乙公司要求冯先生自2022年6月21日开始交纳物业费，但冯先生认为自己于8月才办理完交房手续，物业费应从交房时开始计算。双方发生了争议。在冯先生坚持不愿从2022年6月21日开始交纳物业费的情况下，乙公司将冯先生起诉至人民法院。那么，物业公司到底应从何时开始起收物业费呢？

说法

根据物业服务合同的约定交纳物业费是业主的法定义务。物业在未实际交付给买受人占有之前的物业服务费应由房产开发商交纳，实际交付后应由业主交纳。一般来说，实际交付日为房屋买卖合同（符合竣工交付条件）或入住通知书约定的房屋交付日期。符合交付条件、建设单位已下达书面通知办理交付手续的物业，物业费从书面通知中载明的日期起算。因开发商的原因导致不能按时交房的，比如房屋质量存在问题使房屋达不到交付条件等，物业公司必须待开发商将房屋修缮至可以达到交房条件时，才能开始向业主收取物业费。如果由于业主的原因导致收房延迟，业主仍然要从入住通知书中记载的交房日期开始交纳物业费。

本案中，甲公司已事先通知冯先生于2022年6月20日来办理交房，这也是商品房销售合同上约定的交房日期，冯先生虽由于自身原因导致办理收房手续的时间延迟至8月初，但不影响其仍然应自2022年6月21日起开始交纳物业费。

找法

《物业管理条例》

第四十一条 业主应当根据物业服务合同的约定交纳物业服务费用。业主与物业使用人约定由物业使用人交纳物业服务费用的，从其约定，业主负连带交纳责任。

已竣工但尚未出售或者尚未交给物业买受人的物业，物业服务费用由建设单位交纳。

举一反三

部分省市的物业管理条例中对于物业费的起收日期及交纳主体有着更为明确的规定。例如，《合肥市物业服务收费实施办法》第13条规定："物业公共服务费按照以下规定交纳：（一）前期物业服务合同签订之日至房屋交付之日当月的物业公共服务费，由建设单位交纳；（二）房屋交付之日的次月起的物业公共服务费由业主交纳，业主将其物业出租、出借给承租人、借用人使用，且约定由物业使用人交纳物业公共服务费的，从其约定；（三）承租公有住房的，自租赁合同签订次月起至合同期满当月的物业公共服务费，由公有住房承租人交纳。"因此，实践中处理此类问题，还要注意符合当地的具体规定。

73. 物业公司更换后，新物业公司如何处理业主向原物业公司预交的物业费？

遇事

周先生为T小区的业主，T小区业主委员会经业主大会授权于2022年3月1日与甲公司签订物业服务合同，委托甲公司为T小区提供物业管理服务，服务期限自2022年3月21日至2025年3月20日。但T小区的原物业服务企业乙公司已预收了2021年12月1日至2022年11月30日的物业费。现在物业公司更换为甲公司，甲公司应如何处理乙公司预收了物业费却尚未提供服务期间的物业费呢？

说法

根据我国相关法律规定，物业服务合同终止时，业主大会选聘了新的物业服务企业的，物业服务企业之间应当做好交接工作，这是物业服务企业的法定义务，这里的交接工作自然包括对业主预交物业费的交接。如果要业主一个一个地向原物业企业主张返还物业费，实践中存在重重困难，对业主也极为不公平，还容易打消业主预交物业费的积极性。也就是说，新物业公司不能要求业主重复交纳物业费，新物业公司要求业主交纳的物业费如果含有业主已向原物业公司预交的部分，则该部分诉求不能得到法律的支持。因此，新物业公司在与原物业公司办理交接时需要注意预收物业费的问题，对预收物业费做好交接工作。

本案中，由甲公司与乙公司做好预收物业费的交接是甲公司的法定义务，乙公司应将业主向其预交的物业费直接支付给甲公司。甲公司不得向业主重复主张业主预交过的物业费。

二、物业服务企业篇

🔍 找法

《物业管理条例》

第三十八条　物业服务合同终止时,物业服务企业应当将物业管理用房和本条例第二十九条第一款规定的资料交还给业主委员会。

物业服务合同终止时,业主大会选聘了新的物业服务企业的,物业服务企业之间应当做好交接工作。

举一反三

实践中,经常出现业主丢失票据,无法证明自己是否交纳物业费及交纳物业费的时间、期间等情况,导致在诉讼中出现对自己不利的结果。业主在生活中要关心关注物业费的交纳情况,并增强证据意识,要妥善保管物业费的缴费凭证,以此作为证明自己已交费及交费期间的证据。

74 物业公司有权采取锁门、扣押业主物品等方式催收物业费吗？

遇事

韩先生是F小区的业主，甲公司为F小区的物业服务企业。韩先生常年在其他城市生活，从未回F小区居住，他认为从未享受过甲公司提供的物业服务，因此多年来也从未交纳过物业费。甲公司多年来，一直通过电话、张贴缴费通知书、发送催款函等方式向韩先生催收物业费，但韩先生坚持不交纳。今年，韩先生回到F小区，想要出售F小区的房产，但刚回来就发现自家房门被甲公司上了锁，自己无法开门进入房屋。韩先生去找甲公司，甲公司称韩先生常年不交纳物业费，物业公司被逼无奈才给韩先生家上了锁，只要韩先生补交物业费，便可以给韩先生开门。韩先生非常生气，认为即使自己没有交纳物业费，甲公司也不应该锁业主的家门。双方发生争议。那么，物业公司有权对欠费业主采取锁门、扣押业主物品等方式催收物业费吗？

说法

业主应当按照约定支付物业费，物业服务人已经按照约定和有关规定提供服务的，业主不得以未接受或者无需接受相关物业服务为由拒绝支付物业费。本案中，韩先生虽然从未在F小区生活居住，但并不免除其交纳物业费的义务，因此韩先生不交纳物业费的行为已构成违约。即使业主违约，物业服务人仍应采取合法的方式催收物业费，不得采取断水、断电、锁门、扣留业主物品等侵害业主权益的方式催收物业费，物业服务人采取上述措施给业主造成损失的，应负责赔偿。

本案中，甲公司将韩先生家门锁起来的方式已经侵害了韩先生对房屋行使所有权，甲公司应立即拆除给韩先生家安装的门锁，恢复韩先生对房屋的正常使用，如韩先生仍拒不交纳物业费，甲公司应及时提起民事诉讼，要求韩先生支付物业费及违约金。

找法

《中华人民共和国民法典》

第九百四十四条　业主应当按照约定向物业服务人支付物业费。物业服务人已经按照约定和有关规定提供服务的，业主不得以未接受或者无需接受相关物业服务为由拒绝支付物业费。

业主违反约定逾期不支付物业费的，物业服务人可以催告其在合理期限内支付；合理期限届满仍不支付的，物业服务人可以提起诉讼或者申请仲裁。

物业服务人不得采取停止供电、供水、供热、供燃气等方式催交物业费。

举一反三

物业公司向业主催收物业费可以采取哪些方式呢？物业公司催收物业费应依法催收，例如通过电话催收、通过张贴或发送催费单催收或通过诉讼、仲裁的方式催收，不得采取恐吓、威胁、停水、断电等不合法的方式进行催收。物业公司违法催收物业费侵害了业主的权利，给业主造成损失的，物业公司负有赔偿的责任。

遇事找法 物业纠纷一站式法律指引

75 物业公司向业主主张物业费的同时，可以主张违约金吗？

遇事

徐先生是A小区业主，甲公司为A小区的物业服务企业。徐先生与甲公司曾签订物业服务协议，约定：由甲公司按协议约定的内容和标准向徐先生提供物业服务，徐先生向甲公司按时交纳物业费及其他费用；徐先生若逾期交纳物业费，每逾期一天应向甲公司支付应交纳款项1‰的违约金。自物业服务协议签订后，甲公司一直按照协议约定履行物业管理服务职责，但徐先生尚欠甲公司2年的物业费至今未交纳。甲公司多次向徐先生邮寄送达物业费催款通知书，但徐先生仍拒绝交纳。无奈之下，甲公司起诉徐先生至人民法院，要求徐先生支付拖欠2年的物业费并按合同约定支付违约金。徐先生同意支付物业费，但不同意支付违约金，认为合同的约定不合理，签订合同的时候自己没有认真看，不知道有这样的约定。那么，物业公司向业主主张物业费的同时，可以要求业主支付违约金吗？

说法

依法成立的合同受法律保护，当事人应该按照合同约定全面履行自己的义务。业主与物业服务企业之间的权利义务一般在物业服务合同中进行约定，如物业服务合同中约定了业主拖欠物业费应承担的违约责任，物业服务企业就可以向业主主张违约金。至于是否能够得到法院的支持，需要根据案件具体情况，如业主不交纳物业费是否具有主观恶意及物业公司履行义务是否有瑕疵等，由人民法院来最终确定。

本案中，甲公司与徐先生签订的物业服务协议，是当事人的真实意思表示，协议内容也不违反法律、行政法规的强制性规定，合法有效，甲公司与徐先生均应依约履行协议约定的义务。甲公司已按照协议约定提供了物业服务，徐先生未按约定及时足额交纳物业费已构成违约。既然物业服务合同中已经明确约定了业主拖欠物业费应承担的违约责任，甲公司有权要求徐先生按服务协议的约定支付拖欠的物业费及违约金。

找法

《中华人民共和国民法典》

第五百零九条第一款 当事人应当按照约定全面履行自己的义务。

第五百七十七条 当事人一方不履行合同义务或者履行合同义务不符合约定的，应当承担继续履行、采取补救措施或者赔偿损失等违约责任。

第五百八十五条第一款 当事人可以约定一方违约时应当根据违约情况向对方支付一定数额的违约金，也可以约定因违约产生的损失赔偿额的计算方法。

举一反三

在目前的司法实践中，物业公司要求业主按照合同约定支付违约金的前提是物业公司已经按照物业合同约定全面履行了物业管理服务义务。如果物业公司怠于履行物业服务合同约定的义务，提供的物业服务有比较明显的瑕疵，通常法院不会支持物业公司提出的违约金主张。

76 物业公司催收物业费，受诉讼时效限制吗？

遇事

汪先生是蓝天小区的业主，甲公司是蓝天小区的物业服务企业。汪先生自2017年7月起至2022年8月已超过5年未向甲公司交纳物业费。2022年9月，甲公司向汪先生发送物业费催收函，要求汪先生交纳欠缴的物业费，但汪先生拒绝交纳。后甲公司又委托专业律师向汪先生发送催收物业费的律师函，但汪先生仍未交纳。无奈甲公司向人民法院提起诉讼，要求汪先生支付拖欠的物业费。但在诉讼过程中，汪先生提到甲公司主张的部分物业费已经超过诉讼时效，不应得到法院的支持，甲公司却认为自己已按照合同约定提供了物业服务，汪先生享受了物业服务，就应该全额交纳物业费，双方在诉讼过程中争论不休。那么，物业公司催收物业费到底受不受诉讼时效的限制呢？

说法

诉讼时效期间是指民事权利受到侵害的权利人在法定的时效期间内不行使权利，当时效期间届满时，债务人获得诉讼时效抗辩权。物业费债权属于普通债权，应受诉讼时效的限制，根据我国现行法律规定，一般情况下的诉讼时效期间为3年。但对于如何确定物业费纠纷诉讼时效的起算点问题，我国法律并没有明确的规定，实践中各地法院的认识也有所不同。主要有以下几种裁判观点：

一是认为物业费为基于继续性合同的履行而产生的定期给付债务，各期债务均为独立债务，诉讼时效期间应当从各期债务的履行期限届满之日起算，即从业主应按合同交纳每一期物业费的履行期限届满之日起算。

二是认为物业费债权属于同一债权分期履行的情况，因此诉讼时效期间自最后一期履行期限届满之日起计算，即从起诉前最后一期物业费履行期限届满之日起算。在这种情况下，如果至起诉时物业服务合同一直处于持续履行的状态，则一般不存在诉讼时效期间届满的问题，这也是对物业公司最有利的一种观点。

三是认为应直接从立案之日起倒推3年，3年之内的物业费为未超过诉讼时效期间的债权，3年之前的为已超过诉讼时效期间的债权。

另外，法律还规定权利人向义务人提出履行请求的，诉讼时效中断，从中断时起，诉讼时效重新计算。也就是说，物业公司应在诉讼时效期间内有效地向欠费业主进行催收，这样诉讼时效中断，可以保证在起诉时全部的债权均在诉讼时效期间内。

本案中，甲公司未在诉讼时效期间内向汪先生进行有效催收，因此不存在诉讼时效中断的情况。那么根据以上三种实践中的不同做法，结果也会有不同。如采用第二种观点，则甲公司的全部物业费请求均可得到支持，因为物业服务仍在持续状态，不存在超过诉讼时效的问题。但根据第一种和第三种观点，则甲公司将有部分物业费请求因超过诉讼时效而得不到法院的支持。

找法

《中华人民共和国民法典》

第一百八十八条 向人民法院请求保护民事权利的诉讼时效期间为三年。法律另有规定的，依照其规定。

诉讼时效期间自权利人知道或者应当知道权利受到损害以及义务人之日起计算。法律另有规定的，依照其规定。但是，自权利受到损害之日起超过二十年的，人民法院不予保护，有特殊情况的，人民法院可以根据权利人的申请决定延长。

第一百九十二条 诉讼时效期间届满的，义务人可以提出不履行义务的抗辩。

诉讼时效期间届满后，义务人同意履行的，不得以诉讼时效期间届满为由抗辩；义务人已经自愿履行的，不得请求返还。

第一百九十三条 人民法院不得主动适用诉讼时效的规定。

第一百九十五条 有下列情形之一的，诉讼时效中断，从中断、有关程序终结时起，诉讼时效期间重新计算：

（一）权利人向义务人提出履行请求；

（二）义务人同意履行义务；

（三）权利人提起诉讼或者申请仲裁；

（四）与提起诉讼或者申请仲裁具有同等效力的其他情形。

举一反三

在诉讼过程中，法院不得主动审查诉讼时效，因此如果业主在抗辩中未将物业费债权超过诉讼时效作为抗辩理由，法院是不得主动适用诉讼时效的。物业公司在日常工作中，应做好物业费催收的记录工作，每隔1至2年对欠费业主发放纸质缴费通知书并保留凭证，以避免发生超过诉讼时效的风险。

77 小区公共绿地被侵占，物业公司可以不管吗？

遇事

姜女士为C小区业主，甲公司为C小区的物业服务企业。姜女士发现，与自己住同单元一层的王大爷占用了公共草坪种菜，遂向甲公司说明情况，请甲公司劝王大爷恢复公共绿地。但王大爷脾气不好、态度恶劣，甲公司派员工与王大爷进行沟通，王大爷不仅不听，还辱骂了物业工作人员。于是甲公司便睁只眼，闭只眼，不再管王大爷占用公共草坪种菜一事。后来越来越多的业主来向甲公司反映这个问题，还明确说，如果甲公司不管，就不再继续交纳物业费，甲公司非常为难。那么，小区公共绿地被侵占，物业公司可以不管吗？

说法

虽然物业公司没有执法权，但物业公司负有公共管理义务，对于小区内发生的违法行为、违反管理规约的行为，物业公司有义务及时采取合理措施加以劝阻、制止，制止无效的，物业公司应向有关行政主管部门报告并协助处理。物业公司不能以没有执法权为借口而置之不理。

本案中，王大爷侵占业主共有的绿地种菜，侵害了小区其他业主的权利。小区内已有许多业主向甲公司反映情况、提意见，但甲公司仅派员工劝阻了一次便不再进行管理，这是不尽责的表现。甲公司应尽到最大努力与王大爷沟通，即使沟通无效，也应向有关行政主管部门报告，协助解决王大爷侵占公共绿地的问题；或向业主解释说明，建议业主通过提起诉讼的方式解决问题；不能消极地不闻不问。

找法

《中华人民共和国民法典》

第二百七十四条　建筑区划内的道路，属于业主共有，但是属于城镇公共道路的除外。建筑区划内的绿地，属于业主共有，但是属于城镇公共绿地或者明示属于个人的除外。建筑区划内的其他公共场所、公用设施和物业服务用房，属于业主共有。

第九百四十二条　物业服务人应当按照约定和物业的使用性质，妥善维修、养护、清洁、绿化和经营管理物业服务区域内的业主共有部分，维护物业服务区域内的基本秩序，采取合理措施保护业主的人身、财产安全。

对物业服务区域内违反有关治安、环保、消防等法律法规的行为，物业服务人应当及时采取合理措施制止、向有关行政主管部门报告并协助处理。

举一反三

物业公司是业主居住环境的守护者，要尽职尽责，才能给业主提供好的服务。对小区的治安、环境、绿地、消防等的公共管理义务是物业公司的法定义务，物业公司怠于履行上述义务，或履行义务不尽职，不仅会导致部分业主以拒交物业费的方式进行对抗，也会给物业公司的后续工作带来困难，对业主及物业公司均会产生不利影响。

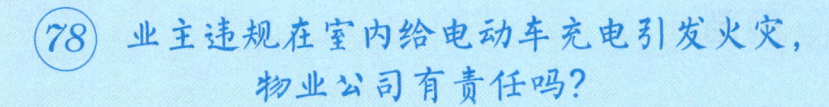

78 业主违规在室内给电动车充电引发火灾，物业公司有责任吗？

遇事

赵先生是蓝天小区的业主，甲公司为蓝天小区的物业服务企业。一天晚上，赵先生将自己电动车的电瓶带回家中充电，不料半夜电动车电瓶突然爆炸起火，导致赵先生受伤，赵先生家及楼上邻居家均遭受财产损失。在这起事故中，赵先生作为电动车的所有权人及使用人、管理人，负有不可推卸的责任，那么甲公司作为物业管理企业是否也有责任呢？

说法

因电动车违规充电导致的事故可能涉及很多主体责任的辨析，除了电动车的所有人、使用人，还涉及电动车的生产者、销售者，还有物业公司。这里重点讨论物业公司的责任承担问题。

物业公司的职责是负责物业管理区域内设施维护、安全防范等管理服务工作，物业公司对业主私拉电线、占用消防通道等行为有义务进行劝阻、制止，对电动自行车的停放、充电和消防安全有义务进行管理。如果物业公司由于管理不当导致电动车着火，物业公司应当在其过错范围内承担责任。例如，小区内有业主违规在楼道内停放电动自行车或者进行充电，物业公司有义务及时制止，并要求业主将车辆挪至室外，如物业公司未履行制止的义务，则需承担一定的责任。

本案中，赵先生将电动车电瓶偷偷拿回家，是其他人不易察觉的，如果物业公司在日常物业管理过程中，对电动车使用安全问题对业主已经尽到了宣传、提示的义务，则不应再要求物业公司承担责任。如物业公司没有尽到上述义务，则应根据其过错程度承担一定的责任。

找法

《物业管理条例》

第三十五条 物业服务企业应当按照物业服务合同的约定,提供相应的服务。

物业服务企业未能履行物业服务合同的约定,导致业主人身、财产安全受到损害的,应当依法承担相应的法律责任。

举一反三

物业公司要重视消防工作,日常要做好以下几方面工作:要严格开展防火巡查,严禁楼道存放杂物、严禁楼道停放电动车、严禁管道井堆放杂物;要确保安全出口、疏散通道畅通;要自备必要消防器材;要强化消防安全疏散指示标识、应急照明等设施管理;要加强日常消防宣传,并制定灭火及应急疏散预案。

二、物业服务企业篇

79 业主在楼道堆放易燃物引发火灾，物业公司有责任吗？

遇事

赵大爷是D小区三楼的业主，甲公司为D小区的物业服务企业。赵大爷以卖废品为生，平时在楼道里堆放了许多的纸壳、纸箱等易燃物品，甲公司多次前来要求赵大爷清除楼道堆积物，但赵大爷均不予理睬。一天，赵大爷在楼道的堆积物突然起火，因为堆积物阻塞了楼梯，导致楼上业主张先生未能及时逃出火灾现场，被严重烧伤。张先生将赵大爷与甲公司诉至人民法院，要求赵大爷与甲公司共同承担赔偿责任。那么，业主在楼道堆放易燃物品引发火灾，物业公司有责任吗？

说法

根据我国法律规定，因第三人的行为造成他人损害的，由第三人承担侵权责任；经营者、管理者或者组织者未尽到安全保障义务的，承担相应的补充责任；经营者、管理者或者组织者承担补充责任后，可以向第三人追偿。赵大爷对火灾的发生主观上具有过错，其在楼道口堆放易燃物与火灾的发生具有因果关系，赵大爷作为直接侵权人，依法应当承担侵权责任，对张先生的损失进行赔偿。物业公司虽不是直接侵权人，但其作为专职为小区共用部位及共用设施提供维修养护、消防安全防范、绿化养护、环境卫生、公共秩序维护的单位，受小区全体业主委托对小区共用部位及共用设施履行综合管理职能，负有安全保障义务。物业公司作为小区物业管理者，有义务对火灾安全隐患进行纠正、排查，无法纠正的，也必须报告消防部门，由消防部门协助处理。本案中，甲公司虽多次要求赵大爷清除堆积物，但未及时向消防部门报告，未完全履行物业服务企业应尽的安全保障义务，因此应承担补充赔偿责任。

找法

《中华人民共和国民法典》

第二百七十一条　业主对建筑物内的住宅、经营性用房等专有部分享有所有权，对专有部分以外的共有部分享有共有和共同管理的权利。

第九百四十二条　物业服务人应当按照约定和物业的使用性质，妥善维修、养护、清洁、绿化和经营管理物业服务区域内的业主共有部分，维护物业服务区域内的基本秩序，采取合理措施保护业主的人身、财产安全。

对物业服务区域内违反有关治安、环保、消防等法律法规的行为，物业服务人应当及时采取合理措施制止、向有关行政主管部门报告并协助处理。

第一千一百六十五条第一款　行为人因过错侵害他人民事权益造成损害的，应当承担侵权责任。

第一千一百九十八条　宾馆、商场、银行、车站、机场、体育场馆、娱乐场所等经营场所、公共场所的经营者、管理者或者群众性活动的组织者，未尽到安全保障义务，造成他人损害的，应当承担侵权责任。

因第三人的行为造成他人损害的，由第三人承担侵权责任；经营者、管理者或者组织者未尽到安全保障义务的，承担相应的补充责任。经营者、管理者或者组织者承担补充责任后，可以向第三人追偿。

《中华人民共和国消防法》

第二十八条　任何单位、个人不得损坏、挪用或者擅自拆除、停用消防设施、器材，不得埋压、圈占、遮挡消火栓或者占用防火间距，不得占用、堵塞、封闭疏散通道、安全出口、消防车通道。人员密集场所的门窗不得设置影响逃生和灭火救援的障碍物。

举一反三

　　物业服务企业要加强消防安全宣传并注重对小区业主进行消防安全教育。日常生活中，难免有些业主消防安全意识薄弱，物业服务企业应重点对这些人加强消防安全教育，也可以将危害消防安全的行为纳入管理规约，适时进行消防演练，通过多种方式提高小区居民的消防安全意识，切实保证小区的消防安全。

80 物业公司的保安员将业主打伤，物业公司有责任吗？

遇事

孙先生是Y小区的业主，甲公司为Y小区的物业服务企业。一天夜里，孙先生酒后回家，因为忘带了进入小区的门禁卡，便叫甲公司当天夜里值班的保安员小吴来给开门，因小吴出来开门的速度慢了一些，孙先生便对小吴破口大骂，小吴一怒之下与孙先生发生口角，双方进而发生肢体冲突，造成孙先生全身多处软组织损伤，小吴未受伤。孙先生将甲公司及小吴作为共同被告起诉至人民法院，要求共同赔偿其医疗费等各项损失2000余元。庭审中，小吴认为自己是甲公司的员工，是在工作过程中给孙先生造成了损伤，应由甲公司承担赔偿责任；甲公司则认为，由于小吴性格和工作方法存在问题才导致此次伤人事件，甲公司已对小吴进行过严格的职业培训，小吴的行为本身也违反了甲公司的工作要求，因此应由小吴承担赔偿责任，甲公司无责任，且孙先生自己酒后骂人、先动手打人的行为本身也具有过错，因此应自行承担部分责任。法院经审理最终判决，甲公司对孙先生的损失承担70%的赔偿责任。那么，物业公司的保安员将业主打伤，物业公司有责任吗？

说法

本案中各方争议的焦点有二：一是谁应是承担赔偿责任的主体，保安员小吴还是甲公司？二是赔偿责任主体应该承担赔偿责任的范围是什么，全部责任还是部分责任？

首先，我国现行法律明确规定，用人单位的工作人员因执行工作任务造成他人损害的，由用人单位承担侵权责任；用人单位承担侵权责任后，可以向有故意或者重大过失的工作人员追偿。本案在审理过程中，法院查明，保安员小吴与甲公司之间存在劳动关系，小吴在值夜班的过程中造成他人损害，应该由用人单位甲公司承担侵权责任。当然，如果甲公司认为小吴违反了工作规范，具有重大过失，可在承担赔偿责任之后向小吴追偿，但这不影响甲公司作为赔偿主体对孙先生承担赔偿责任。

同时，我国法律还规定，被侵权人对同一损害的发生或者扩大有过错的，可以减轻侵权人的责任。法院在审理中通过查看监控录像发现，孙先生一开始用非常恶劣的言辞辱骂小吴，当小吴反驳时，也是孙先生最先动手推搡小吴，小吴一开始只是躲闪，后来不得已之下开始还手。因此，法院认为，孙先生自身行为也具有一定过错，可适当减轻侵权人的责任，法院根据查明的事实情况，酌情确定甲公司对孙先生的损失承担70%的赔偿责任。

找法

《中华人民共和国民法典》

第一千一百七十三条 被侵权人对同一损害的发生或者扩大有过错的，可以减轻侵权人的责任。

第一千一百九十一条 用人单位的工作人员因执行工作任务造成他人损害的，由用人单位承担侵权责任。用人单位承担侵权责任后，可以向有故意或者重大过失的工作人员追偿。

劳务派遣期间，被派遣的工作人员因执行工作任务造成他人损害的，由接受劳务派遣的用工单位承担侵权责任；劳务派遣单位有过错的，承担相应的责任。

举一反三

在实践中,物业公司的保安员有时是通过劳务派遣方式被派遣至物业公司工作的,其与物业公司之间并不存在劳动关系。根据我国相关法律规定,在这种情况下,如被派遣的保安员因执行工作任务造成他人损害的,仍然应由接受劳务派遣的用工单位,也就是应由物业公司承担侵权责任,劳务派遣单位仅在有过错的情况下才承担相应的责任。